Guía botánica

del Museo de Huesca

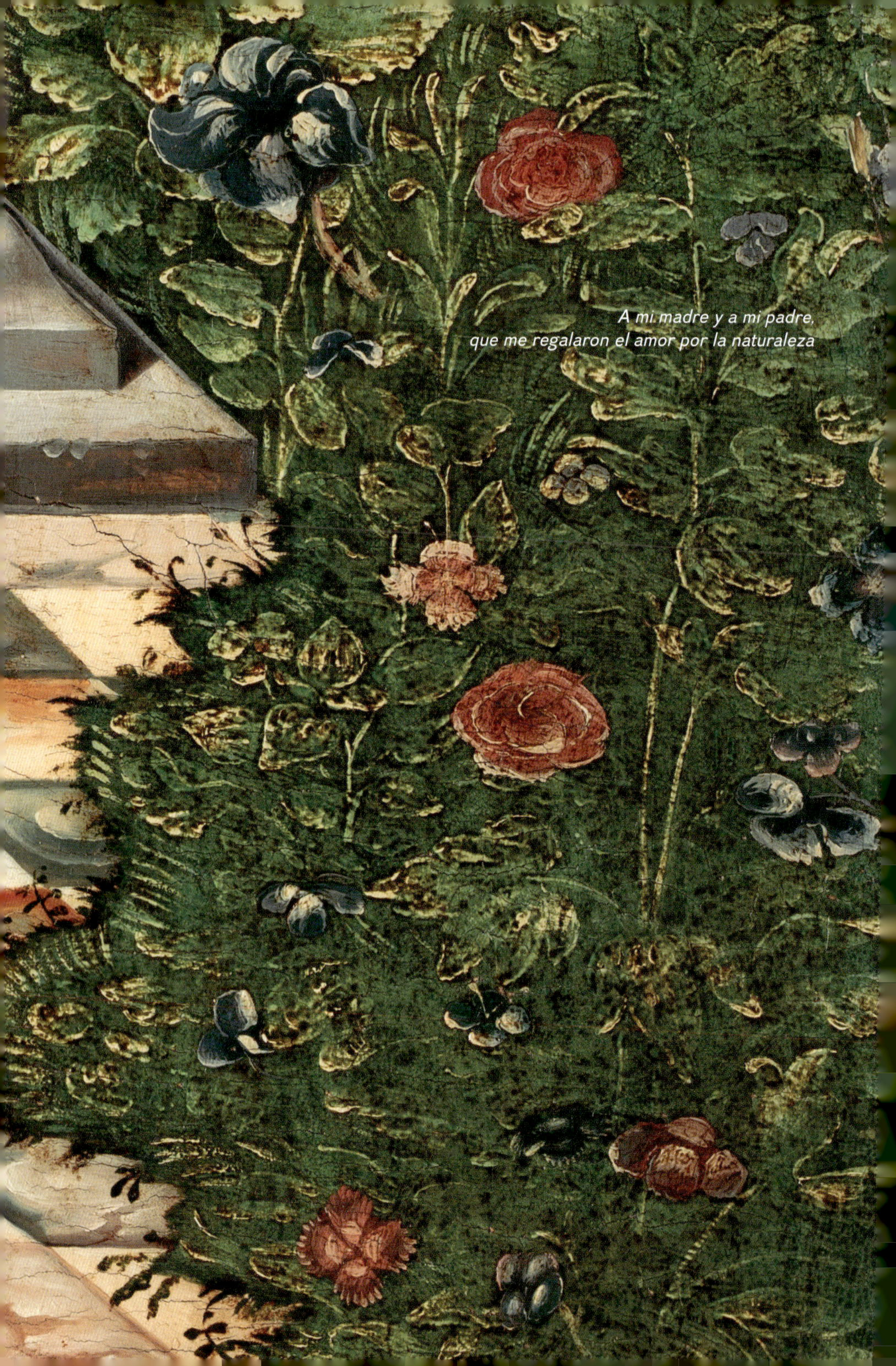

A mi madre y a mi padre,
que me regalaron el amor por la naturaleza

Guía botánica
del Museo de Huesca

Eduardo Barba Gómez

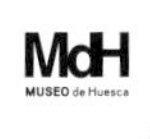

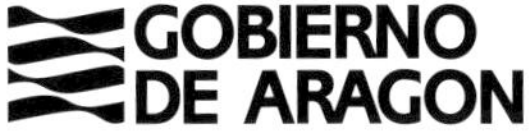

Índice

❦ Obra destacada

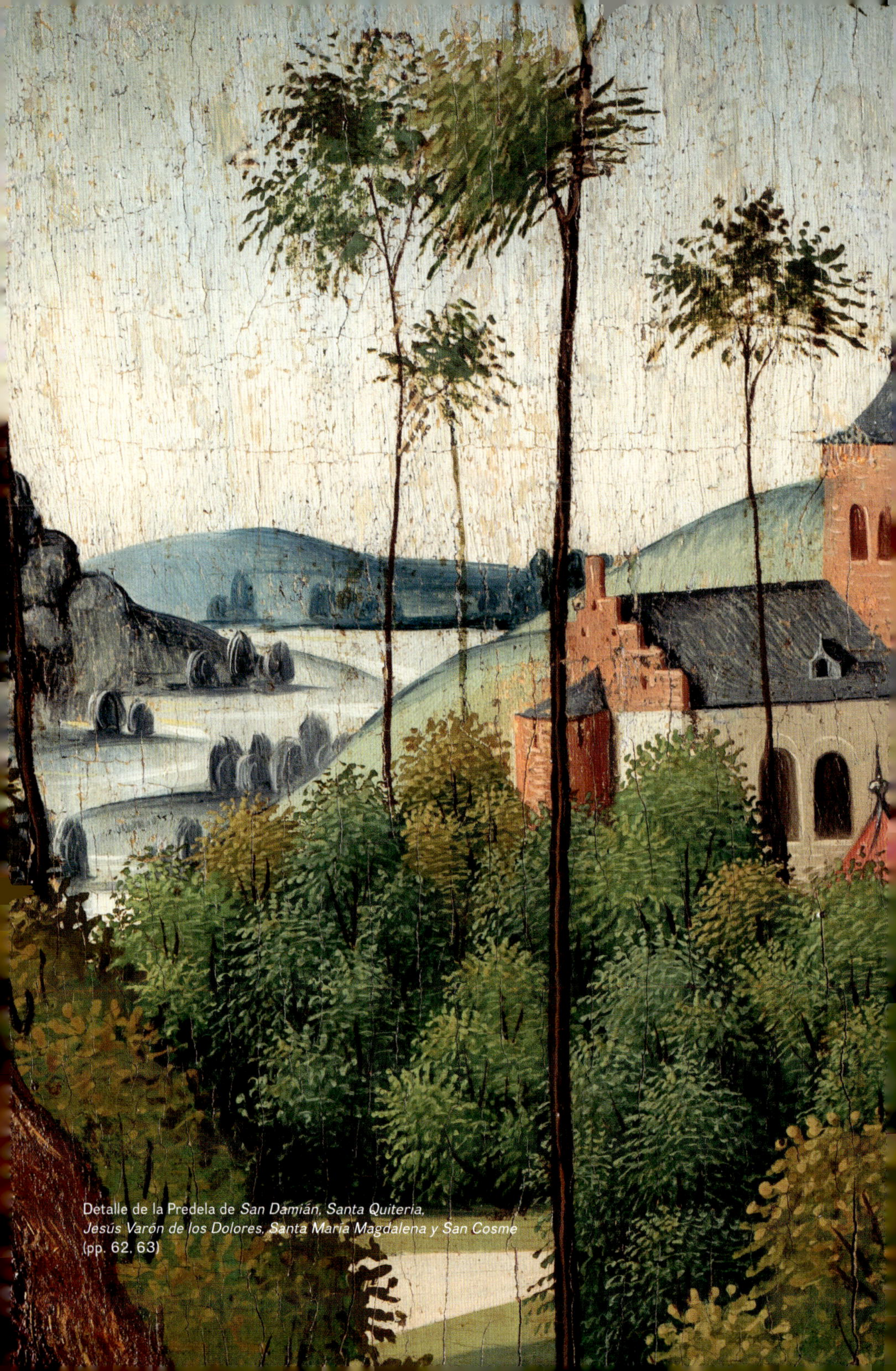

Detalle de la Predela de *San Damián, Santa Quiteria, Jesús Varón de los Dolores, Santa María Magdalena y San Cosme* (pp. 62, 63)

Introducción

Entrada al jardín artístico del Museo de Huesca

La colección del Museo de Huesca tiene una característica que llama la atención de inmediato a cualquier visitante: su diversidad y riqueza de fondos. Desde la prehistoria hasta el siglo XX, las piezas se van sucediendo sala tras sala, y cada una de las estancias se convierte en una sorpresa, en un juego a lo largo de los siglos que se ve aderezado por la belleza continua.

A cada paso, también hay lugar para un tipo de atractivo muy especial: el que está ligado a la botánica. Las plantas fueron motivo de admiración por los artistas del pasado, y dejaron justo homenaje a las formas vegetales en cuadros y esculturas. Pero también se pueden encontrar hojas y flores en los utensilios del día a día, como ocurre, por ejemplo, en una lucerna romana de terracota, una lamparita que está adornada con hojas de olivo.

Adentrarse en el Museo de Huesca con una mirada botánica y jardinera nos deparará un motivo más para disfrutar de la hermosura de su colección. ¿Nos acompañas para descubrir sus flores, sus frutos, sus árboles?

Nota: Las obras de arte de esta guía botánica están ordenadas según el recorrido que se inicia en la Sala 1. Puede que no todas las obras presentes en el libro se muestren expuestas.

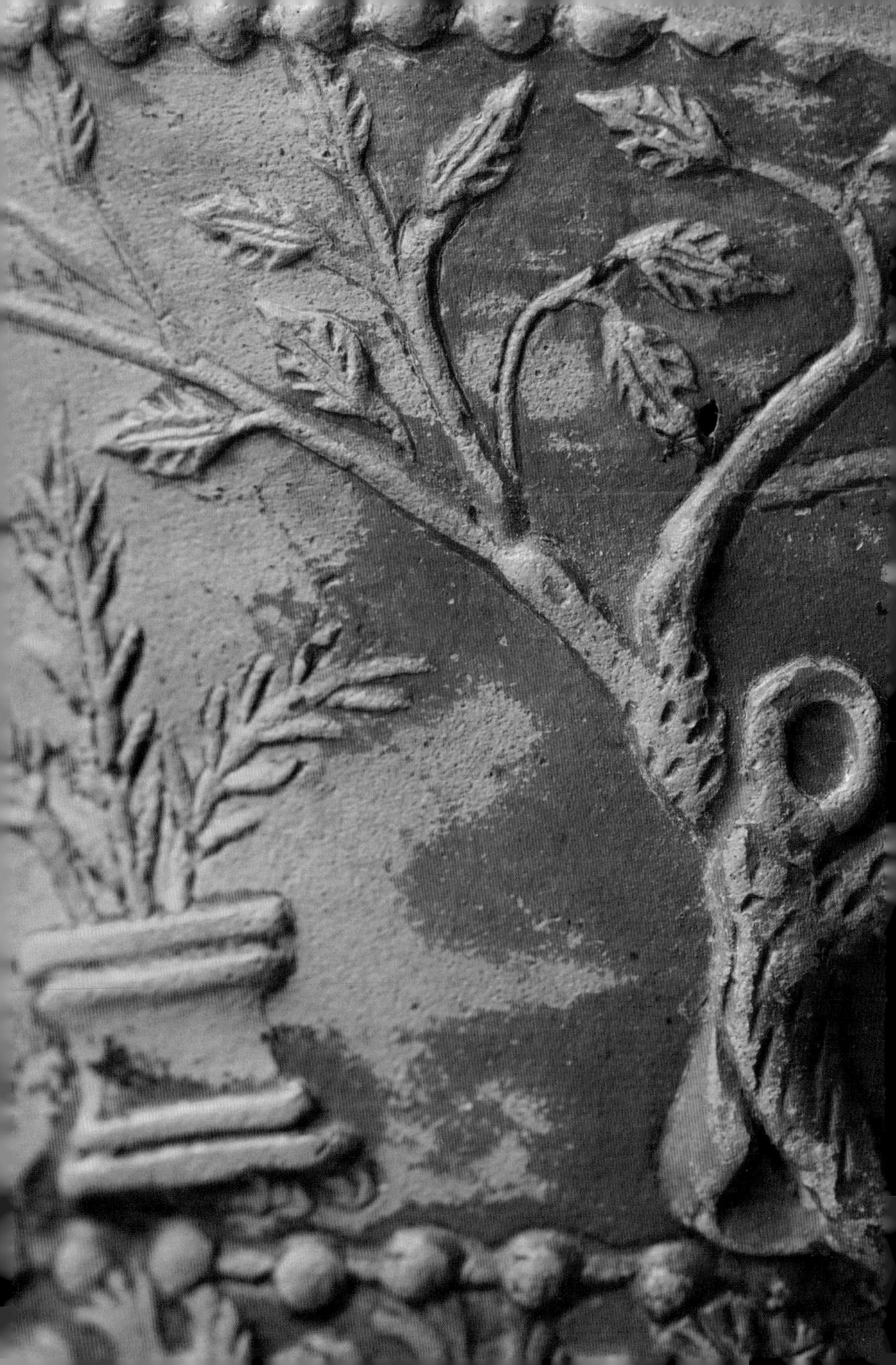

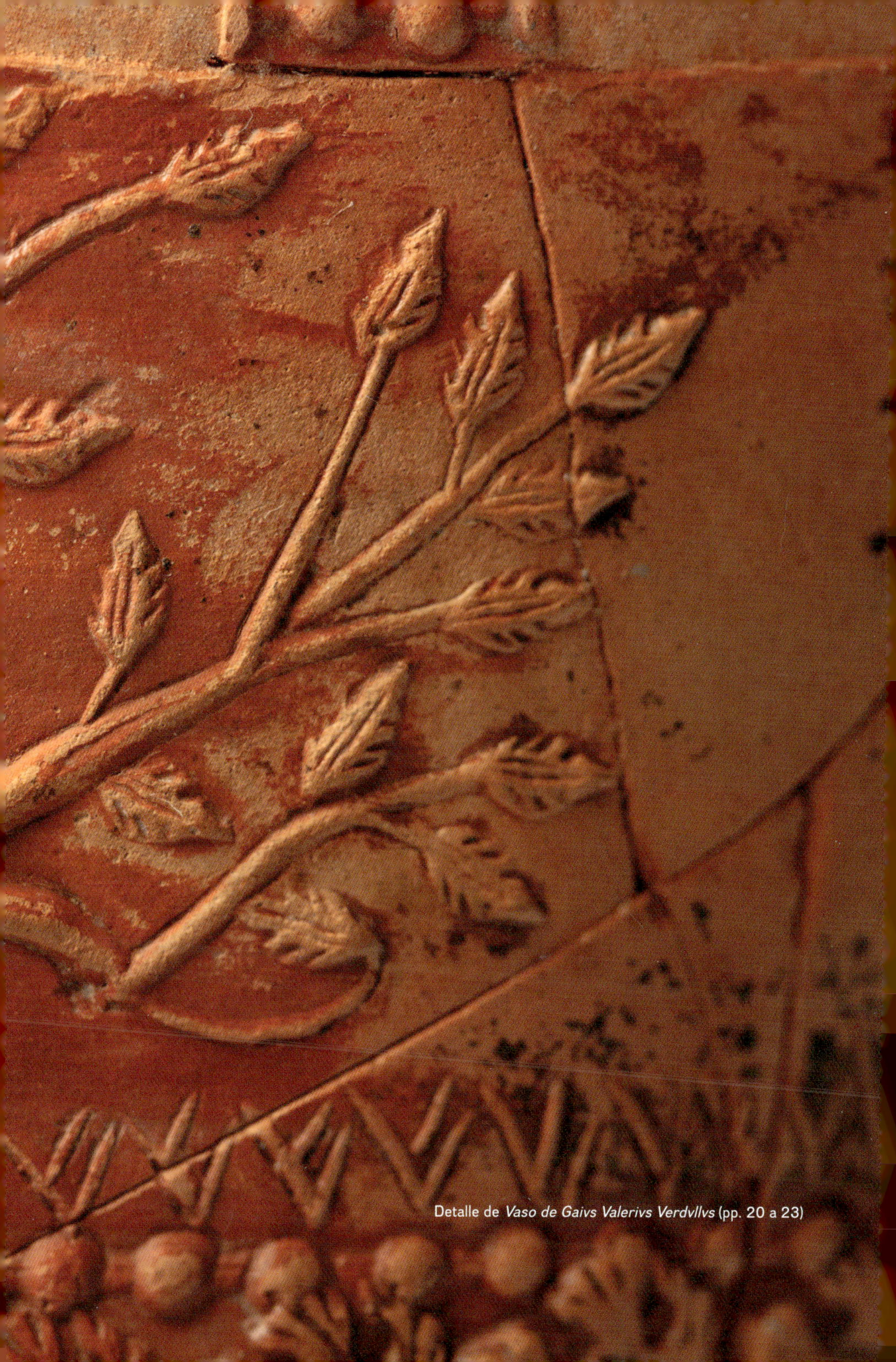

Detalle de *Vaso de Gaivs Valerivs Verdvllvs* (pp. 20 a 23)

Fragmento de pithos
Cultura ibérica
Siglos II-I a. C.
Cerámica
Yacimiento de La Vispesa
NIG 04003

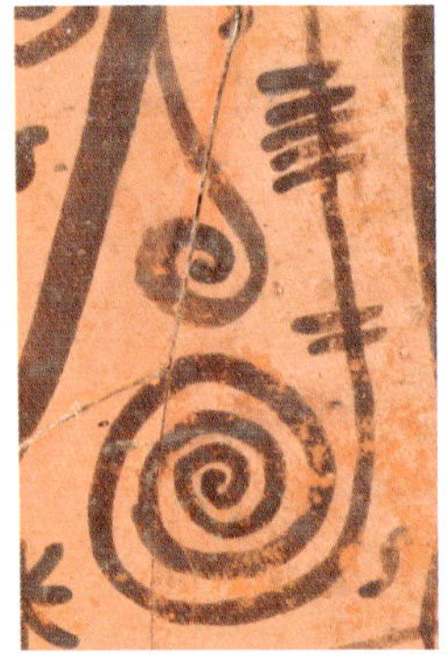

Un zarcillo verde de parra
Foto: Jon Sullivan

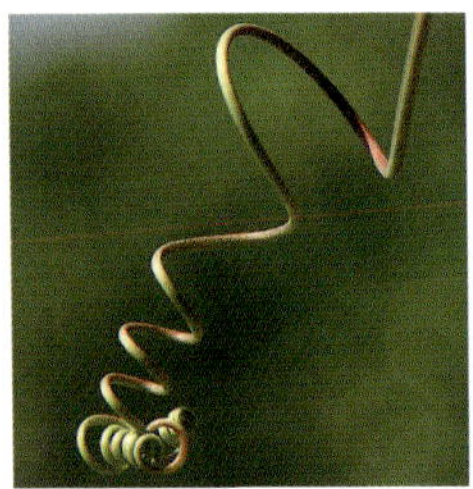

Cerámica de La Vispesa

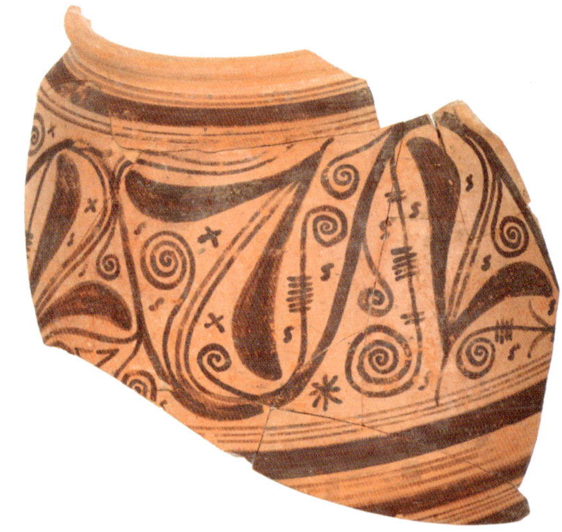

La simplificación de formas en las decoraciones basadas en modelos botánicos es una constante a lo largo de la historia del arte. En muchas ocasiones, esa esquematización dificulta la identificación de la posible especie. En estas dos cerámicas, una pintada y la otra realizada a molde, se observan varios roleos vegetales con sus características curvas sinuosas. En ambas obras se aprecia una estructura helicoidal muy peculiar: el zarcillo.

Estos "muelles" que son los zarcillos en realidad son una transformación de la hoja, y le sirven al vegetal para agarrarse a otras plantas o soportes y trepar por ellos. Uno de los más reconocibles sería el de la **parra** (*Vitis vinifera*), una especie imprescindible del entorno mediterráneo.

Es muy posible que en el vaso de *terra sigillata* se haya representado esta especie tan cultivada, descartando otras especies que poseen zarcillos, como la **zarzaparrilla** (*Smilax aspera*). El artista habría simplificado hasta el extremo la forma de las hojas de parra y plasmado esos zarcillos, así como también sus inflorescencias.

Vaso de *terra sigillata*

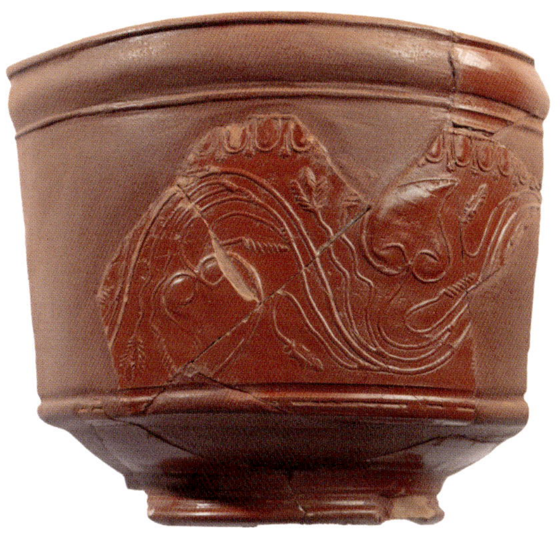

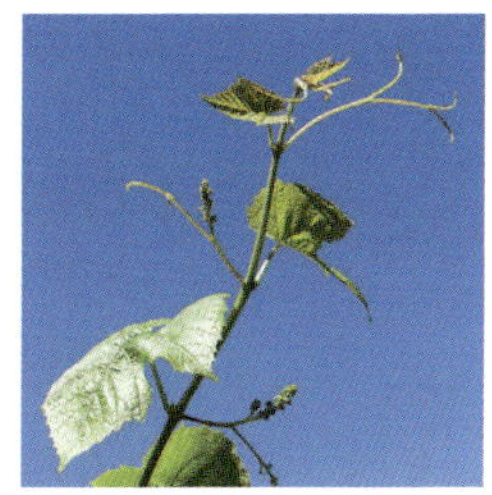

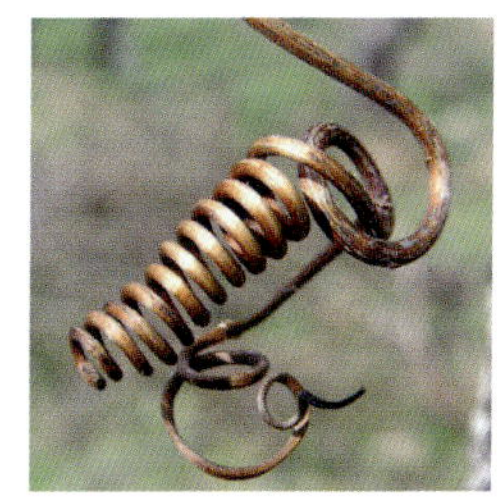

Zarcillos y hoja de la parra
Foto: W. Carter / David Svetina

Vaso de terra sigillata
Época romana
Siglos I-II d. C.
Cerámica
Huesca
NIG 04067

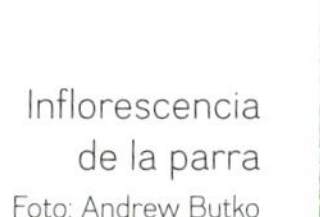

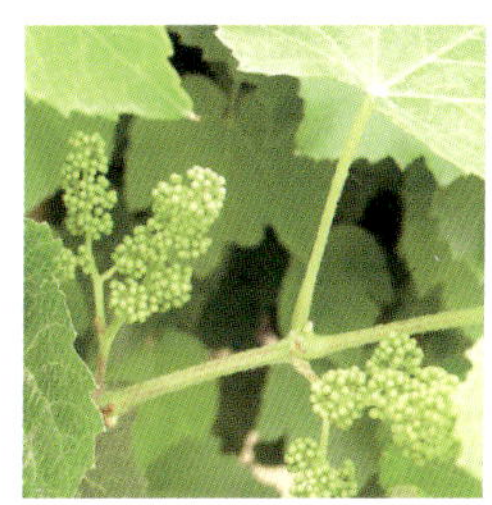

Inflorescencia
de la parra
Foto: Andrew Butko

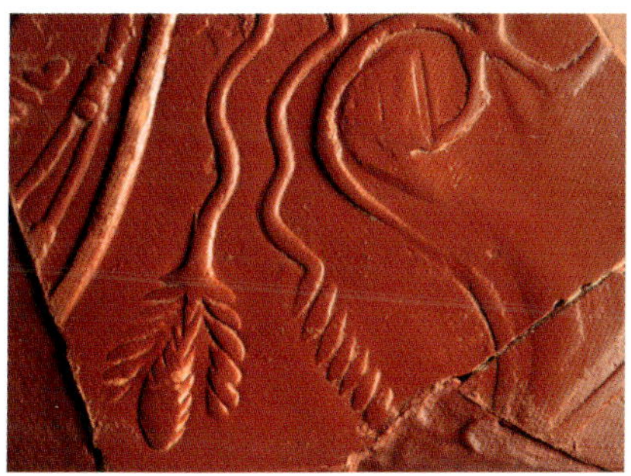

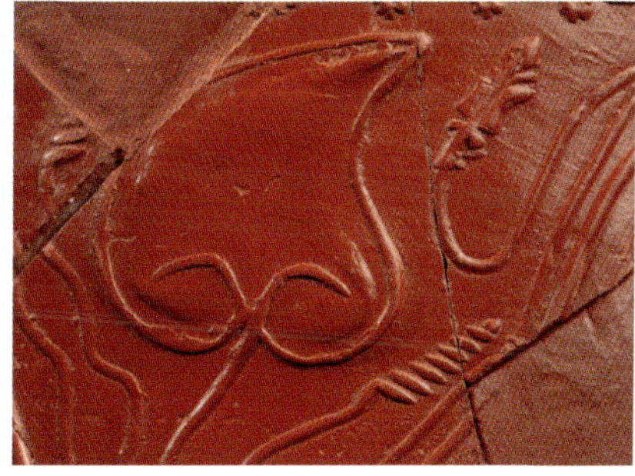

Cuenco de terra sigillata
Época romana
Siglos I-II d. C.
Cerámica
Huesca
NIG 08414

Detalle de la nervadura de sus tépalos
Foto: Víctor M. Vicente Selvas

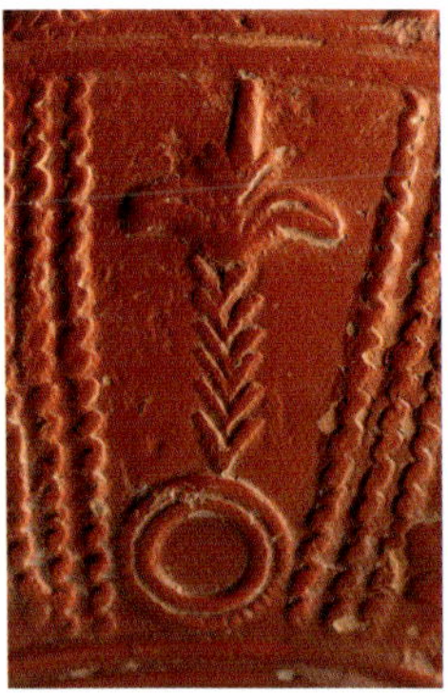

Porte de la azucena
Foto: Zachi Evenor

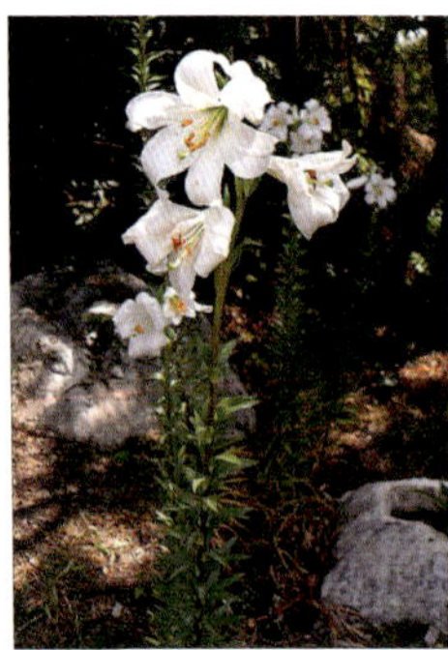

Cuenco de *terra sigillata*

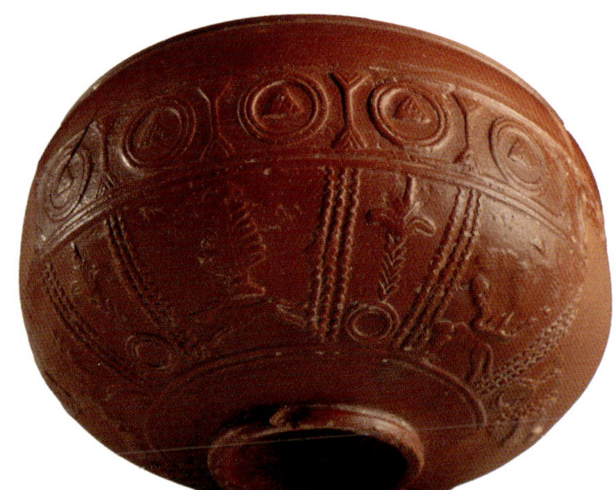

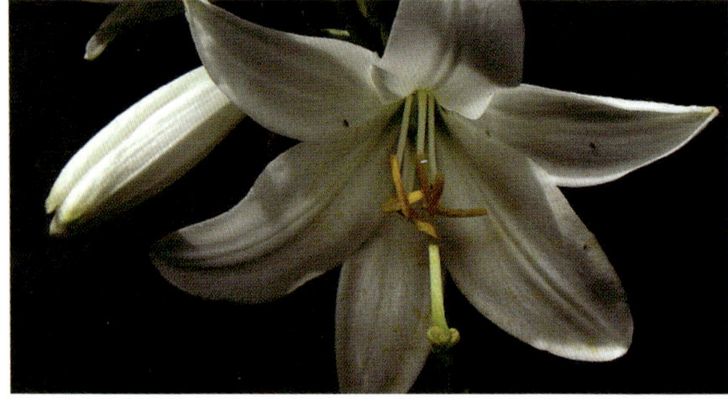

Los antiguos romanos atribuían la flor de la **azucena** (*Lilium candidum*) a su diosa de la maternidad y del matrimonio, Juno. De la misma forma, la azucena estuvo consagrada con anterioridad a la diosa griega de la fertilidad, Afrodita. Su blancura extrema, su gran tamaño, sus órganos reproductores tan llamativos y su potente aroma han hecho de esta flor una de las favoritas de los artistas de todos los tiempos. En este caso, el ceramista aplicó detalles de realismo muy bellos, como las hojas de su tallo floral o la nervadura muy marcada que tiene cada uno de los tépalos blancos de la flor.

Árula

Árula
Época romana
Siglos I-II d. C.
Terracota
Huesca
NIG 13088

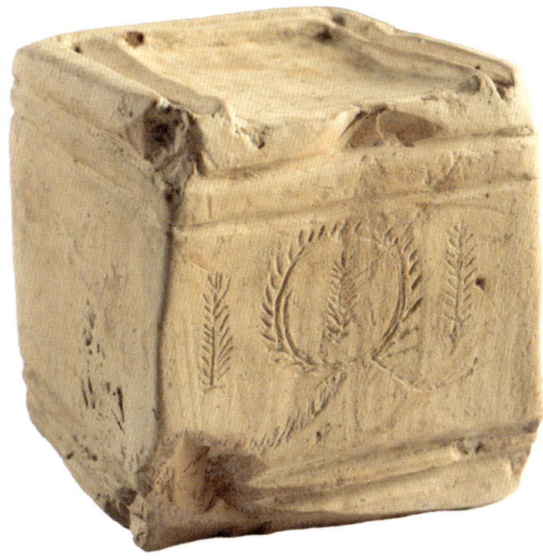

Varias hojas de **palmera datilera** (*Phoenix dactylifera*) decoran este altarcito. La datilera es una planta que se domesticó en el 4000 a. C. en la zona del golfo Pérsico. Desde allí iniciaría un exitoso viaje de colonización de todo el Oriente hasta el Occidente, yendo a lomos de las conquistas de los distintos pueblos. Asimismo, era una especie que se plantaba alrededor de los templos en la antigüedad. Su carácter de planta sacra en Asiria, en Babilonia o en Grecia está inextricablemente unido a una simbología muy rica como árbol inmortal. En la antigua Roma, la hoja de esta palmera también se asociaba con rituales funerarios, señalando el triunfo del fallecido, bien por ser un buen soldado o por sus buenas acciones en vida. Adicionalmente, se honraba a este vegetal como fuente de fecundidad, por la gran abundancia con la que produce sus frutos: los dátiles.

Corona de hojas de una palmera datilera
Foto: Wilfredo R. Rodriguez H.

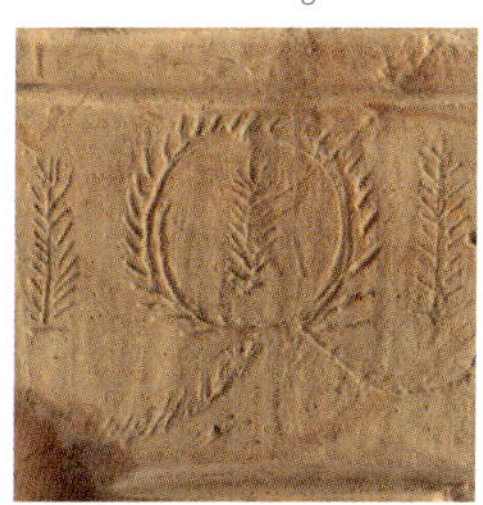

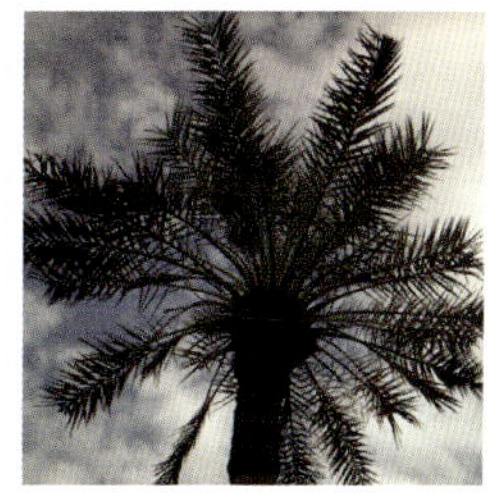

Capitel corintio

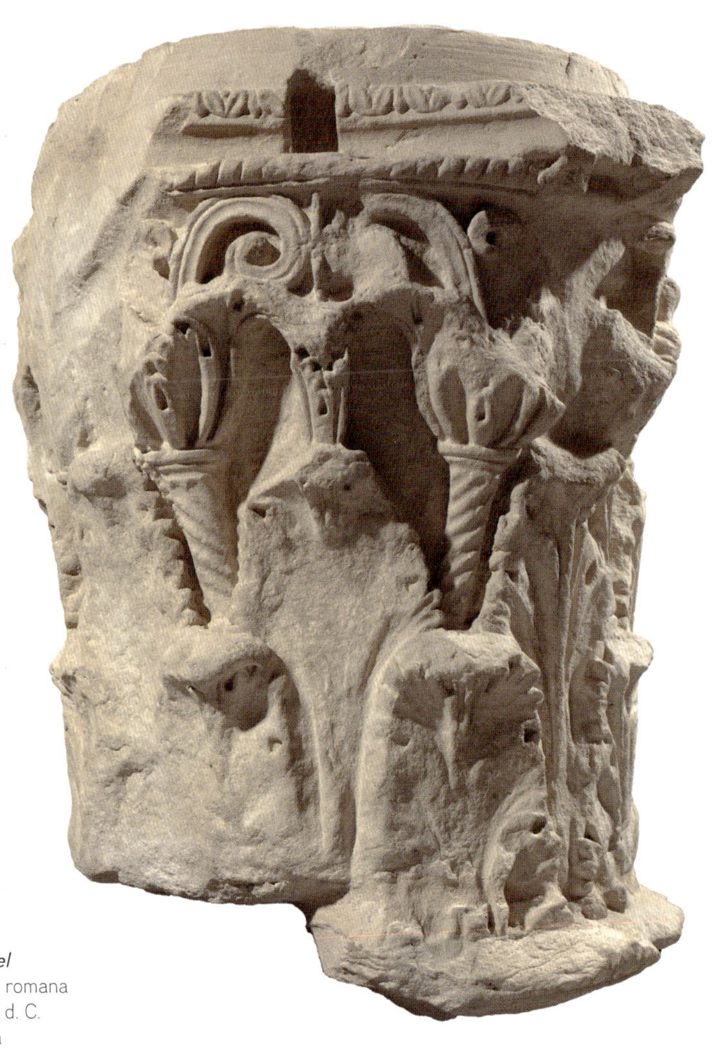

Capitel
Época romana
Siglo I d. C.
Piedra
Huesca
NIG 11330

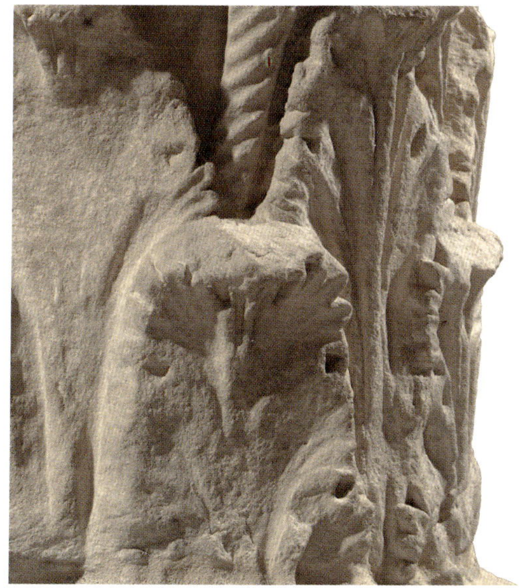

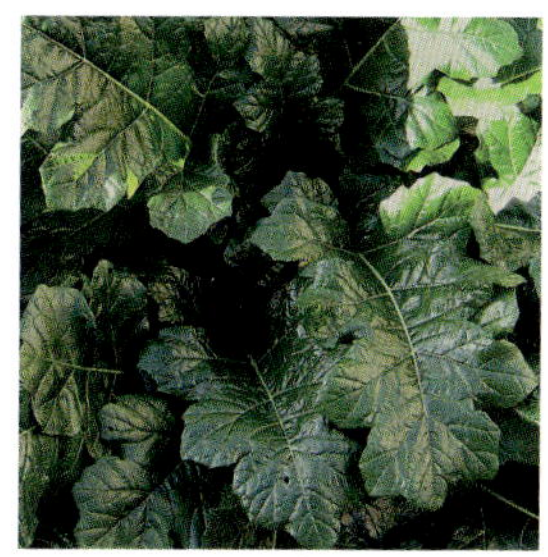

Hojas de acanto
Foto: Wildfeuer

El capitel de estilo corintio es uno de los más sofisticados, al verse enriquecido con multitud de formas, tanto geométricas como más orgánicas. Muchas de estas últimas tienen que ver con una planta concreta: el **acanto** (*Acanthus mollis*). Este vegetal es una de las plantas más cultivadas en los jardines de la antigüedad, al ser muy común en los jardines romanos. Asimismo, es de las especies más representadas en la historia del arte. Para los romanos, el acanto simbolizaba el renacimiento. Esta cualidad como elemento regenerador proviene, muy probablemente, de su capacidad para rebrotar con las lluvias en el otoño, después de que su parte aérea pueda desaparecer casi por completo tras el verano tórrido y seco del Mediterráneo.

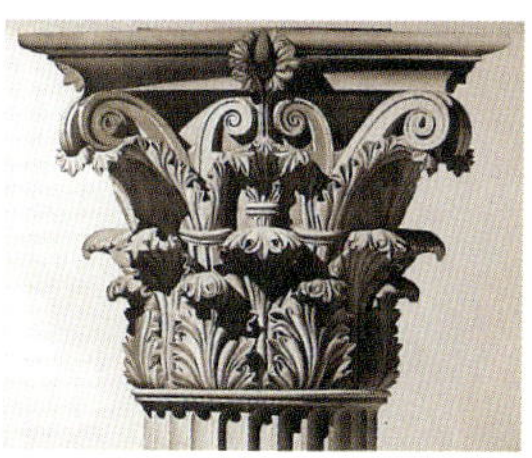

Capitel corintio

La leyenda sobre la creación del capitel corintio cuenta que, en el siglo V a. C., el escultor ateniense Calímaco se encontraba en una visita al cementerio. Allí descubrió la sepultura de una niña. En ella, su nodriza había dejado una cesta alta llena de muñecos. Las hojas de acanto crecían alrededor de la canasta, lo que dio a Calímaco la idea para crear un nuevo capitel. Una historia triste y bella asociada a una planta muy llamativa de gran tamaño, con un color verde intenso y brillante que le hace destacar entre otras especies.

Fragmento de pintura mural

Fragmento de pintura mural romana
Época romana
Siglos I-II d. C.
Pintura al fresco
Huesca
NIG 08757

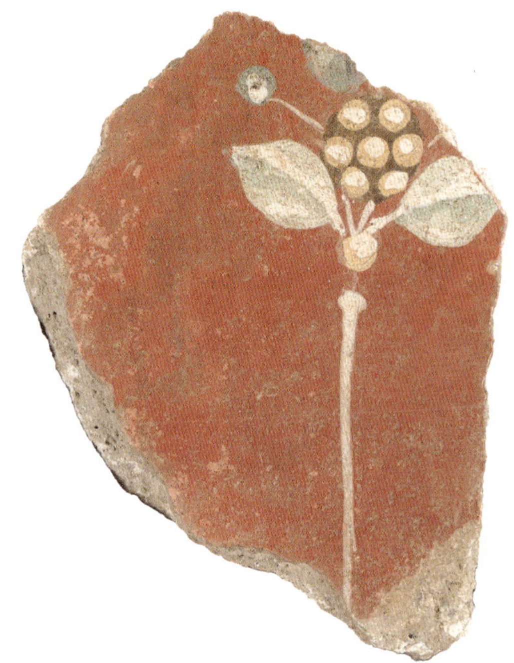

La hiedra está vinculada a Baco, el dios romano de la fertilidad y del vino, y es frecuente encontrar esculturas y frescos de este dios o de personajes en los rituales báquicos que portan sus hojas y sus frutos. Así, vistiendo las partes de esta planta, se decía que alcanzaban el deseado éxtasis místico, pero sin caer en la embriaguez del vino.

La **hiedra** (*Hedera helix*) es otra de las plantas más habituales en representaciones pictóricas. De hecho, es un motivo muy común en decoraciones murales, como en alguno de los frescos descubiertos en Pompeya. La adoración hacia la hiedra en el mundo romano la hizo ser ampliamente cultivada en los jardines de la época. Sus tallos trepaban por la base de las esculturas y por los árboles, así como tapizando el suelo.

En este fragmento se aprecia un tallo fértil de la hiedra, con hojas que no tienen la característica forma palmeada de los tallos trepadores y estériles de esta especie. En cambio, en esta pintura luce hojas más elípticas propias de los tallos fértiles que formarán la flor. Al tallo le acompaña uno de sus frutos esféricos, que procuran alimento a las aves durante el invierno.

Frutos y hojas de un tallo fértil de hiedra
Foto: Hladac

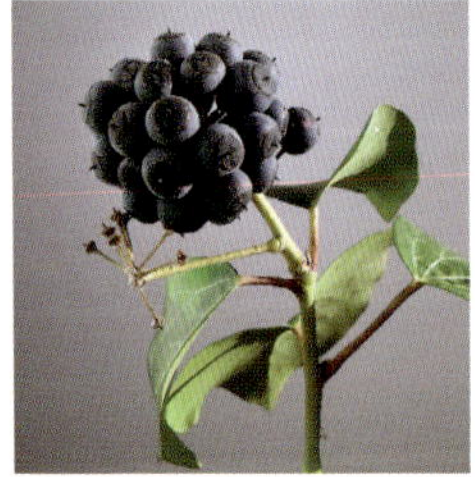

Vasos de cerámica con decoración de barbotina

Vasos con decoración de barbotina
Época romana
Siglo I d. C.
Cerámica de paredes finas engobada
Huesca
NIG 08967
NIG 09021

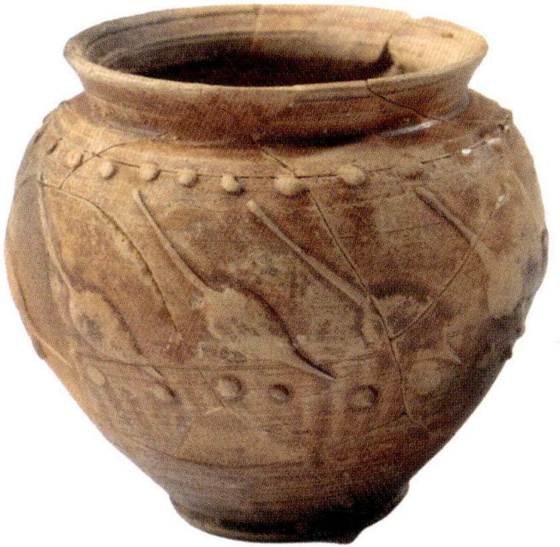

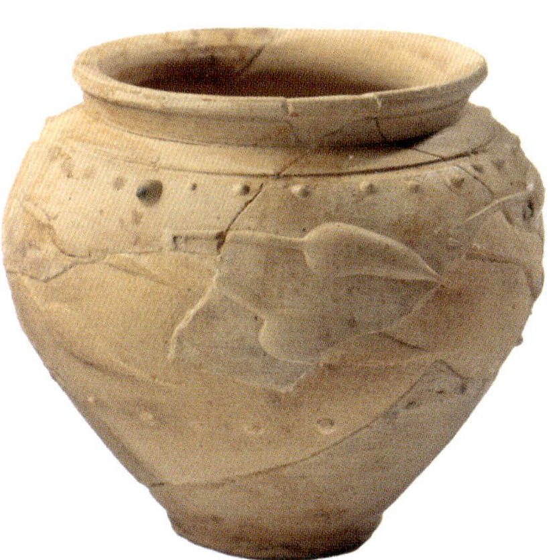

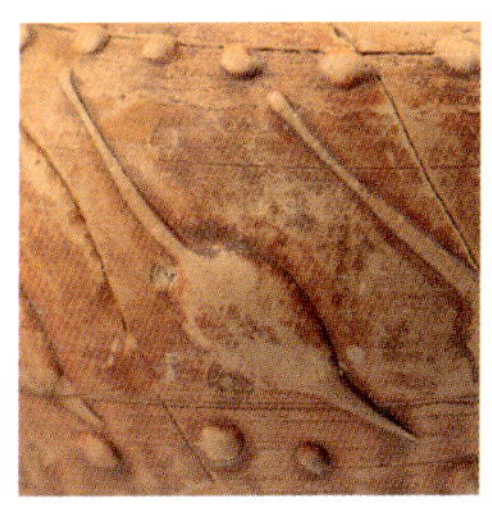

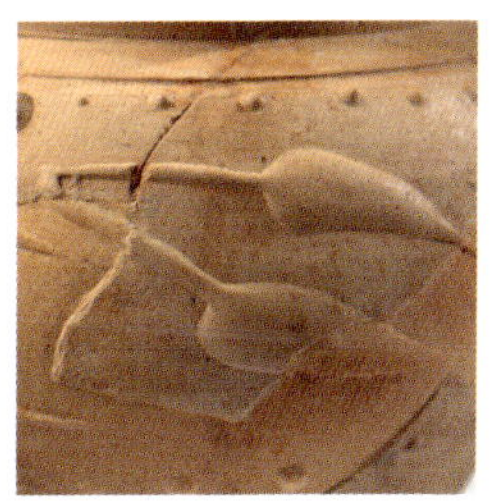

Los motivos, aparentemente vegetales, que decoran estos dos vasos son representaciones genéricas de unas hojas lanceoladas —con forma de lanza—. La sencillez y estilización de cada una de ellas es un motivo botánico de gran belleza.

Vaso de cerámica con decoración de barbotina

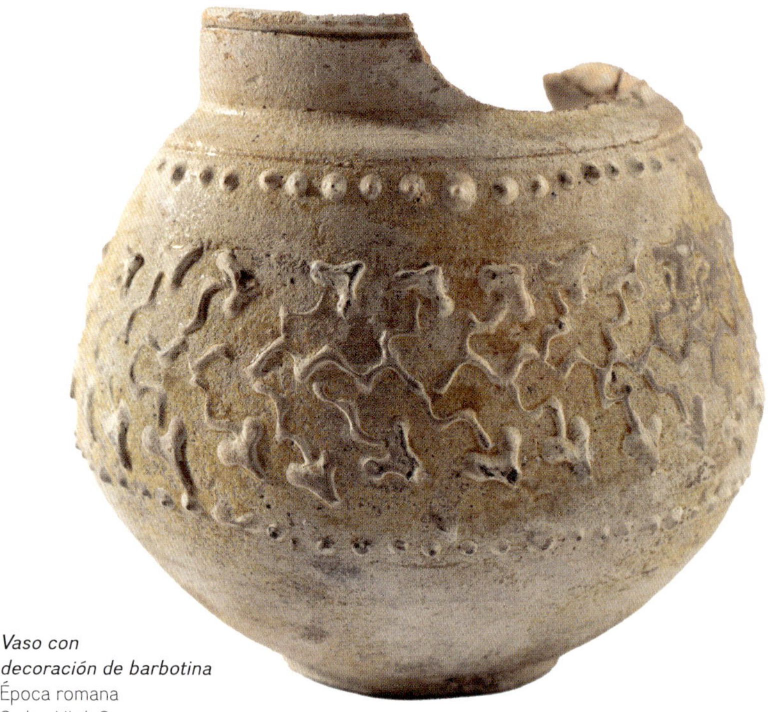

Vaso con decoración de barbotina
Época romana
Siglos I-II d. C.
Cerámica de paredes finas engobada
Huesca
NIG 13863

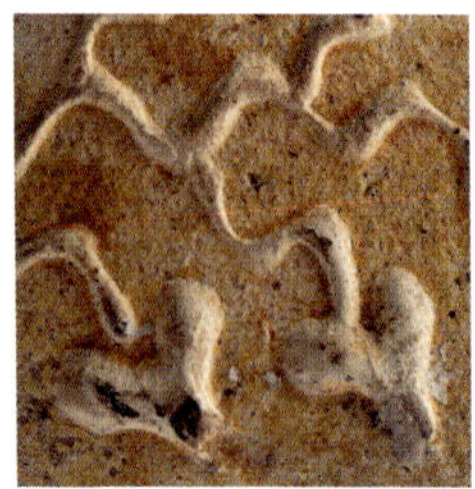

En este vaso vuelven a aparecer unas hojas esquematizadas. Por su forma pudieran recordar a las de la **hiedra** (*Hedera helix*), aunque también podrían hacer referencia a hojas de **parra** (*Vitis vinifera*), ya que es posible verla así de simplificada en otras obras de arte de la época. Sus tallos trenzados harían referencia a la cualidad trepadora de estas especies. Ambas plantas, hiedra y parra, han permanecido íntimamente ligadas desde esta antigüedad clásica.

Fragmento de cerámica vidriada

Fragmento de cerámica
Época romana
Siglo I d. C.
Cerámica vidriada
Huesca
NIG 08517

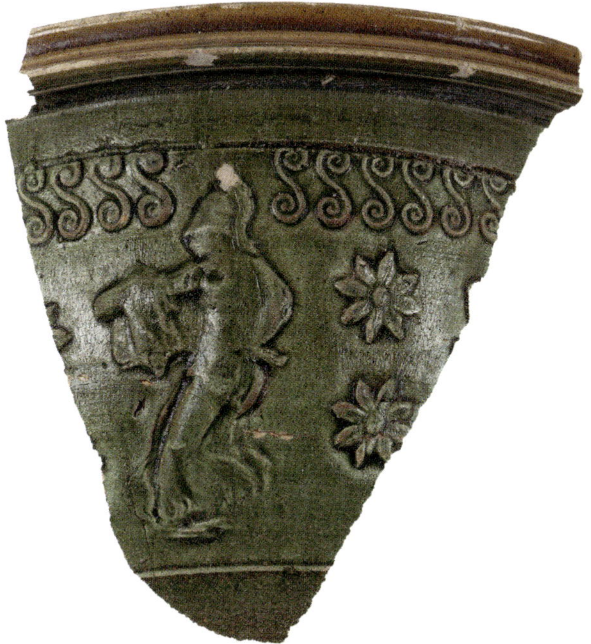

La **margarita** (*Bellis perennis*) es una especie habitual en representaciones antiguas, como lo atestigua su presencia en la cerámica vidriada de la Puerta de Ishtar en Babilonia. También era un atributo de la Afrodita griega y de la Venus romana, las diosas del amor. Uno de sus usos tiene que ver con su poder cicatrizante, por lo que las tropas romanas la tenían muy en cuenta para sanar las heridas producidas en combate. En este fragmento cerámico verdoso hay dos margaritas a la espalda de la diosa Minerva, así como el inicio de dos pétalos (llamados botánicamente *lígulas*) por delante de la misma figura. La forma de las inflorescencias está muy simplificada.

Flor de margarita
Foto: André Karwath

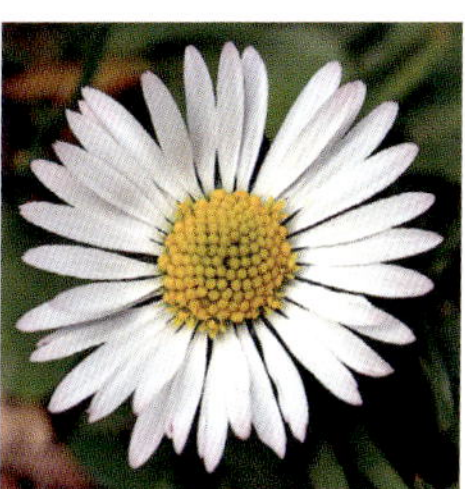

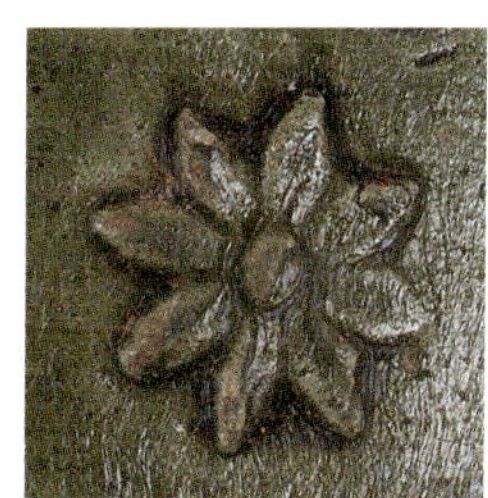

Vaso cerámico de Gaivs Valerivs Verdvllvs

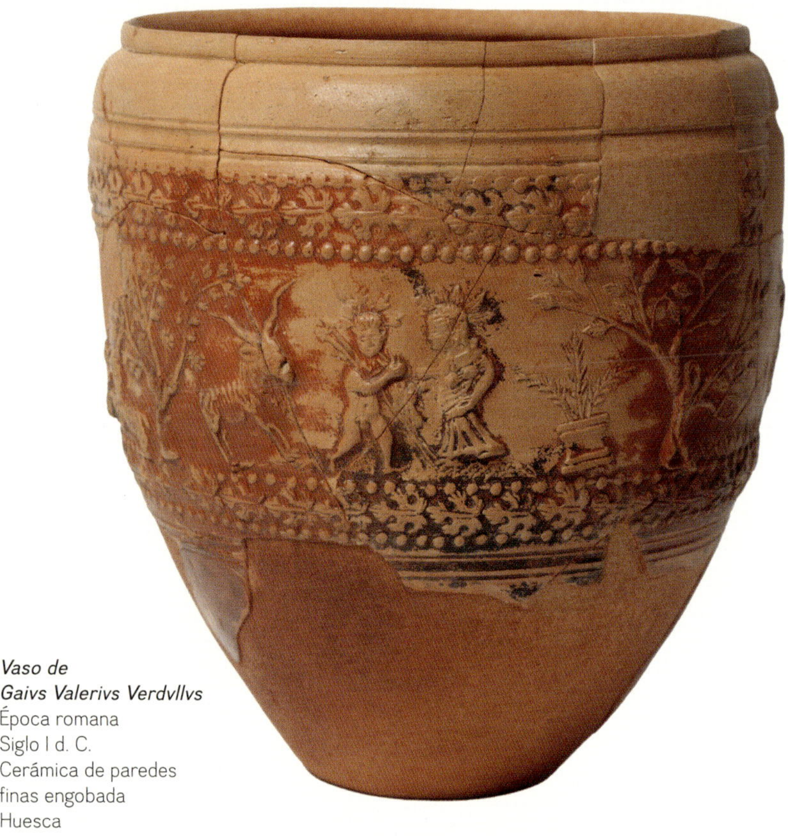

Vaso de
Gaivs Valerivs Verdvllvs
Época romana
Siglo I d. C.
Cerámica de paredes finas engobada
Huesca
NIG 08345

En esta obra hay una botánica muy refinada que recurre a especies clásicas. Se aprecian dos frisos que recorren la parte superior e inferior del vaso. En ambos se disponen hojas de **parra** (*Vitis vinifera*), enmarcadas por dos bandas de líneas horizontales de perlitas, como si fueran las cuentas de un collar. El grado de realismo es muy alto: se ve la característica forma de mano (palmeada) de la hoja, así como las nervaduras que la recorren. Del mismo modo, el artista ha aplicado magistralmente el dentado que tiene el borde de la hoja.

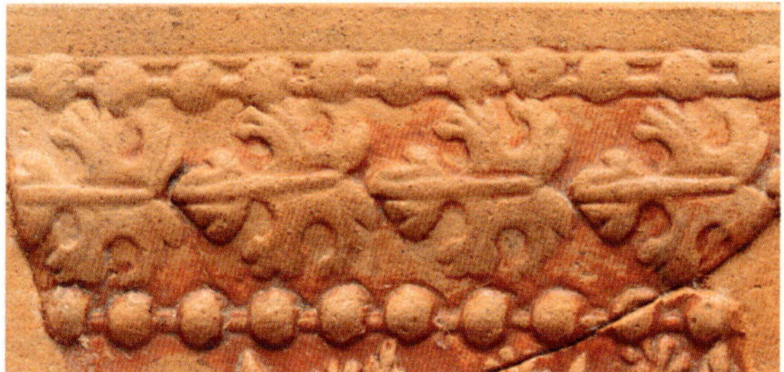

Hilera de hojas de parra muy realistas

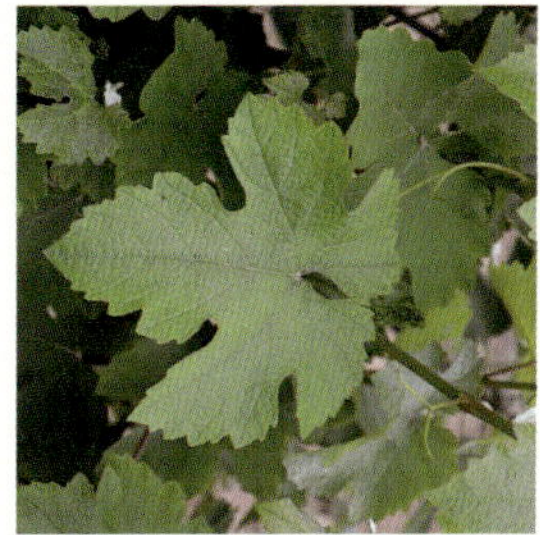

Hoja de parra

Foto: Marianne Casamance

Asimismo, se encuentran tres hojas de **palmera datilera** (*Phoenix dactylifera*) en un ara. Esto conecta este fragmento del vaso con el árula presente en la colección del museo. Como ya se vio, en el mundo grecorromano se atribuían a la palmera multitud de cualidades —como las de la inmortalidad, la fertilidad o incluso la regeneración—, asociadas a su extrema dureza para afrontar situaciones de cultivo muy duras. Se suele considerar a la palmera datilera como la primera planta domesticada de porte arbóreo, por lo que es habitual encontrarla en todo tipo de representaciones desde muy antiguo.

Hojas de palmera en un ara

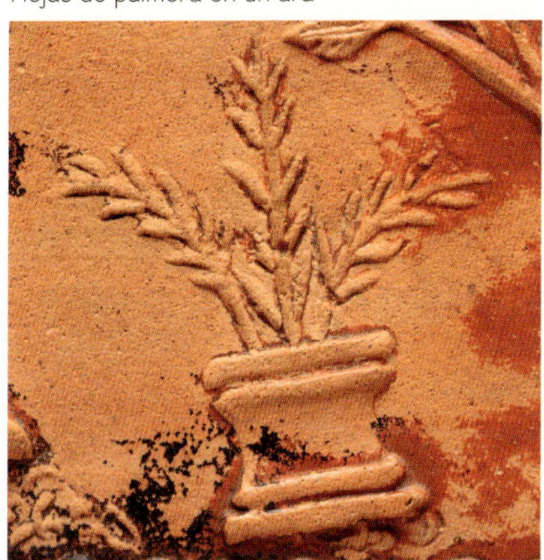

Una palmera datilera joven

Foto: Sarangib

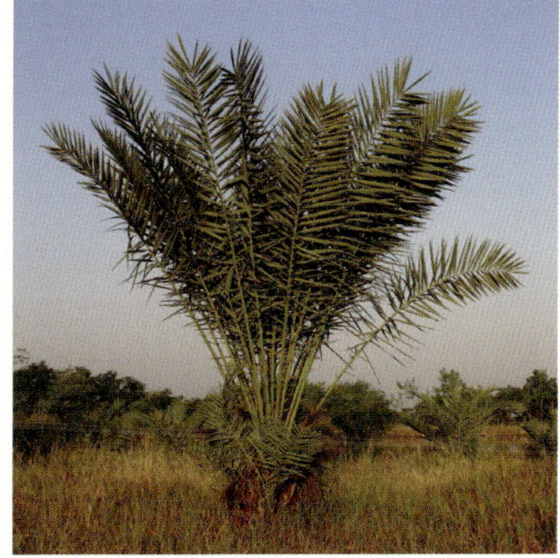

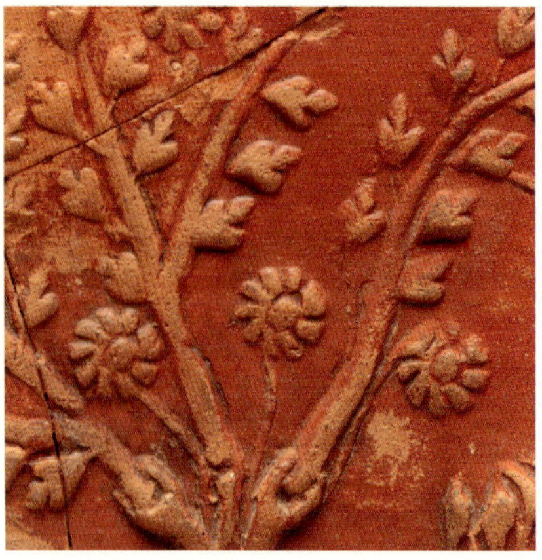

Flores y posibles hojas en una de las plantas

En este delicado vaso también hay cuatro **árboles o arbustos** más, en los que cuesta encontrar un modelo natural claro. Parece como si el artista no hubiera aplicado tanto realismo como hizo con las hojas de la vid en los frisos. Tradicionalmente se han identificado con **parras** y con **robles** (*Quercus* sp.), pero no se ajustan del todo a esos modelos. En dos de ellos se ven varias flores con forma de grandes margaritas, lo que no se correspondería con ninguna de esas especies propuestas. Quizás podría tratarse de una simplificación de formas de una de esas dos especies, o bien de una idealización de lo que un árbol debiera reunir: alimento, flor y fruto.

Imagen panorámica de la decoración del vaso

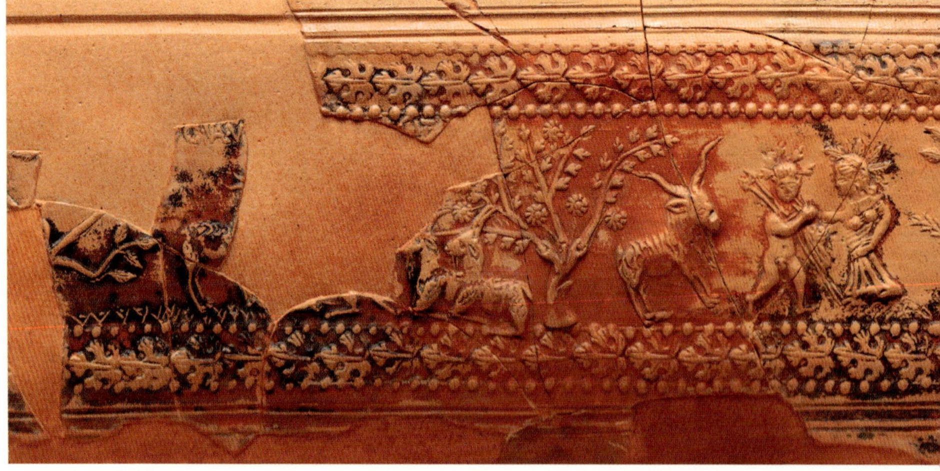

A pesar de que cuesta reconocer especies claras para estas cuatro plantas, hay detalles realistas encantadores, como las muescas en los bordes de las hojas. En uno de los árboles —el que se sitúa a la derecha del altar con las hojas de palmera—, el realismo se aprecia en el corte de poda en la parte superior del tronco. Esto ha originado la pudrición de su base, perfectamente reflejada. Es algo que suele ocurrir en los **olivos** (*Olea europaea*) o en las **encinas** (*Quercus ilex*), por ejemplo. También es hermoso ver cómo el artista ha hecho crecer bajo esta planta un delicado pasto de **gramíneas** en el suelo, aplicando con destreza hojas lineares en la cerámica.

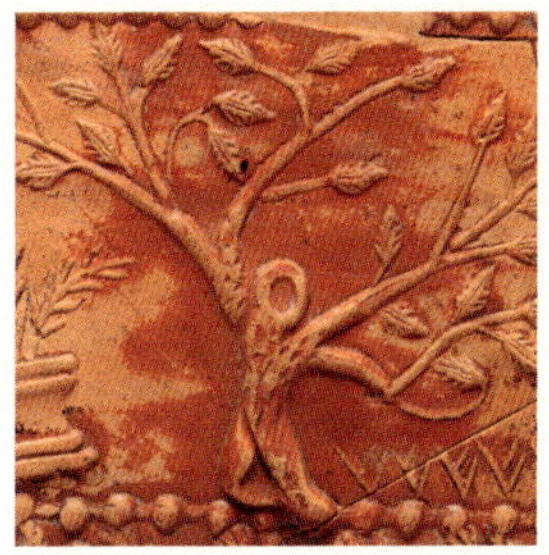

Árbol con herida de poda y podredumbre en la base del tronco

La botánica también se halla en las coronas de los tres personajes. En el caso de los posibles Cupido y Venus —enfrentados el uno al otro—, cada uno lleva un tipo de corona, que se corresponden con las dos formas vegetales presentes en los árboles. El dios Pan, además de su corona, porta otro atributo hecho con vegetales: su flauta de cinco canutos, realizada con las cañas o con los tallos huecos de alguna planta.

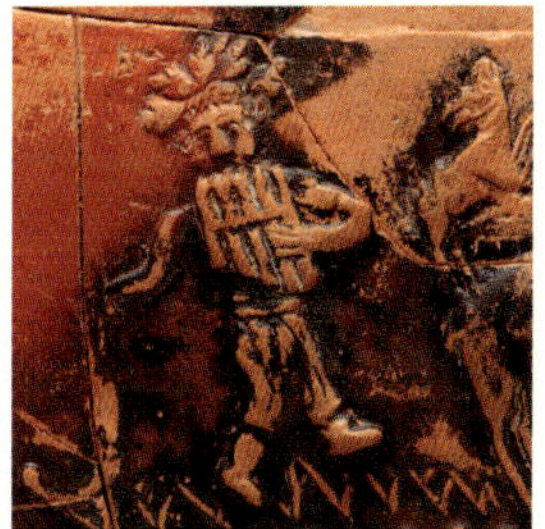

Dios Pan con su flauta

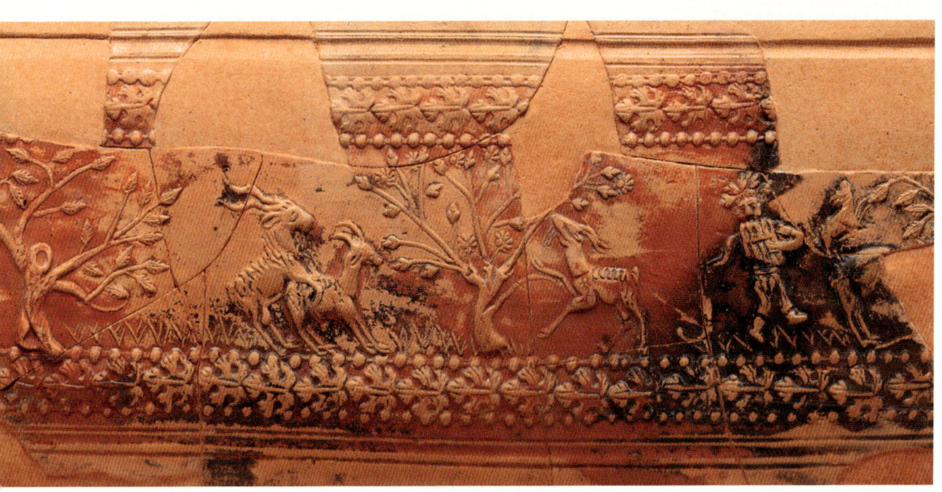

Áureo

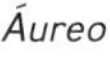

Áureo
Anverso y reverso
Época romana
Siglo II d. C.
Oro
Huesca
NIG 04264

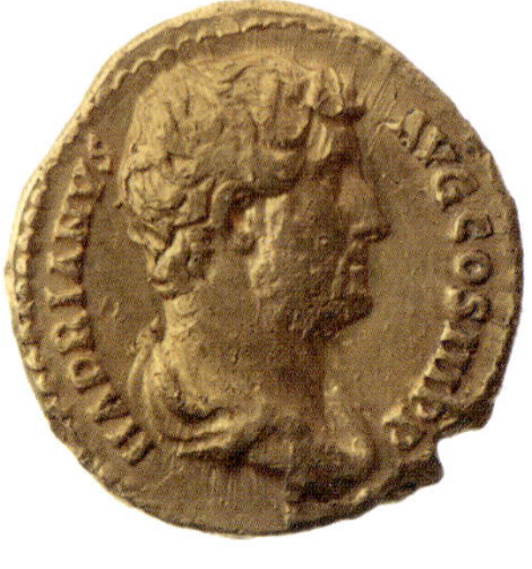

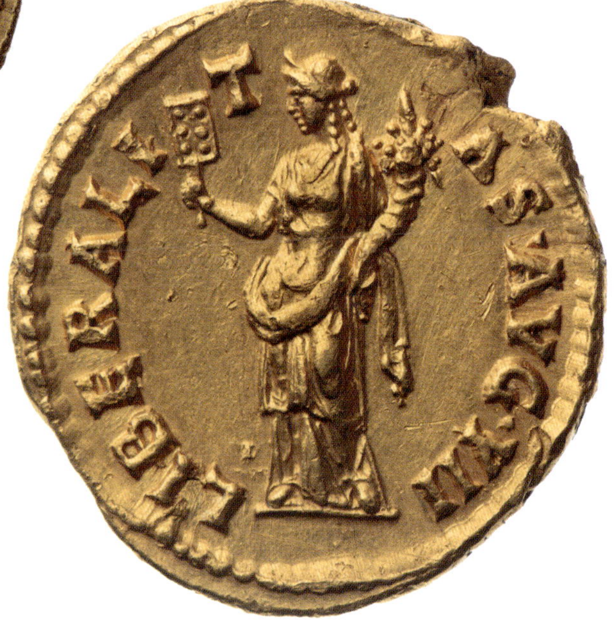

Cornucopia vertiendo sus frutos
Foto: Osama Shukir Muhammed Amin FRCP (Glasg)

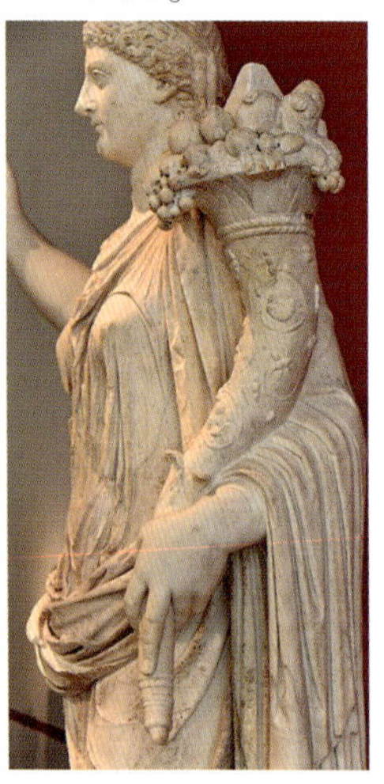

La cornucopia o cuerno de la abundancia simbolizaba la generosidad inagotable que los dioses otorgaban a los mortales. De un gran cuerno de cabra brotan infinidad de frutos: granadas, higos, uvas... acompañadas de espigas de trigo o de cebada e incluso de flores. Los cuernos se han utilizado desde muy antiguo para realizar libaciones de ellos. Aunque se trata de un atributo relacionado con diosas como Flora o Fortuna, aquí está en manos de la diosa Liberalitas, la generosidad. En su otra mano porta un ábaco.

Lucerna

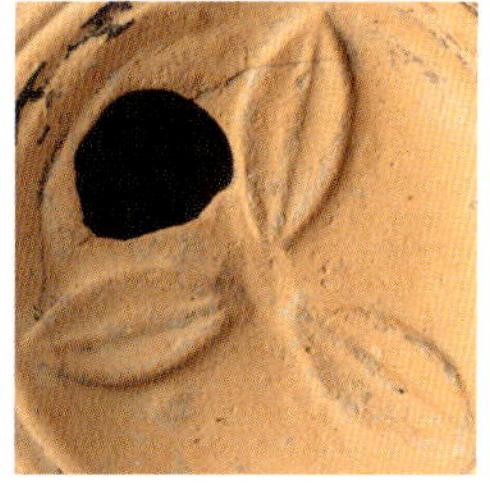

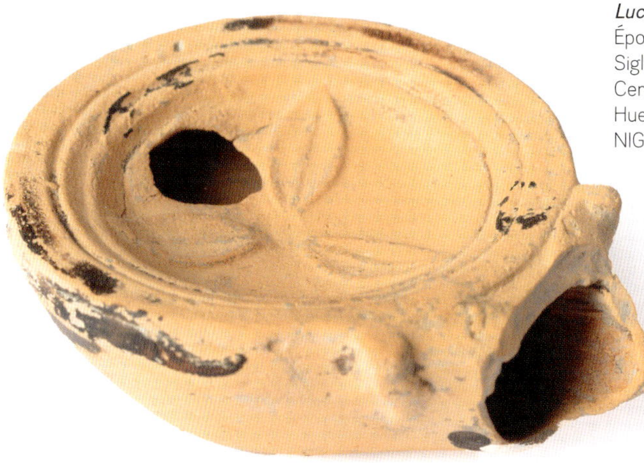

Lucerna
Época romana
Siglos I-II d. C.
Cerámica
Huesca
NIG 13720

Las lucernas permitían ver en la oscuridad. Se rellenaban con aceite de oliva, que a su vez empapaba una mecha a la que se le prendía fuego. En esta pieza se hace el nexo entre este líquido y la decoración, ya que el *discus* de esta lamparita está ornado con tres hojas de **olivo** (*Olea europaea*). De esta planta es de la que se extrae el apreciado aceite de oliva. Las hojas en la terracota se pueden reconocer por su forma elíptica y el nervio central muy marcado, una característica muy peculiar de esta especie.

Difícilmente se entenderían las civilizaciones surgidas en torno al mar Mediterráneo sin esta planta imprescindible llena de utilidades, no sólo culinarias.

Rama de olivo con sus frutos.
Foto: Prahlad Balaji

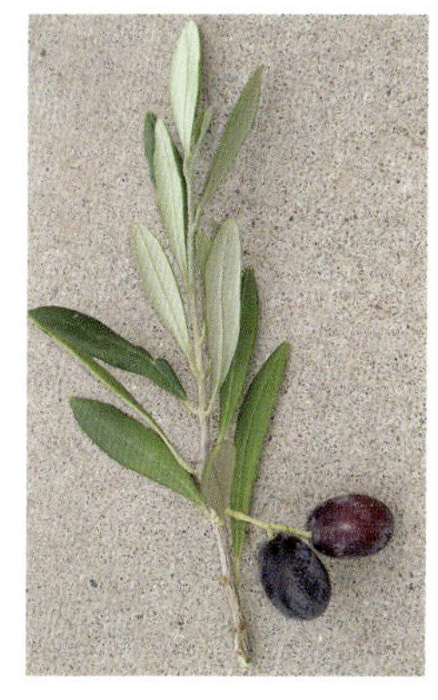

Lauda sepulcral de Eterivs

Lauda sepulcral
Época paleocristiana
Siglo IV d. C.
Mosaico (*opus tessellatum*)
Monte Cillas (Coscojuela de Fantova)
NIG 02509

La veneración hacia la **rosa** (*Rosa* spp.) en la antigua Roma era máxima, y esta flor acompañaba muchos de sus rituales. Así, vemos por ejemplo cómo la rosa —considerada la reina de las flores— servía para loar el amor, ya que se decía que fue creada el mismo día que la diosa del amor romana, Venus.

Pero también en los ritos funerarios los romanos derramaban rosas sobre las tumbas de sus seres queridos, e incluso plantaban rosales sobre ellas. La rosa representaba para ellos la primavera y el renacer. Igualmente, en la fiesta de las Rosalias se honraba a los fallecidos llevándoles rosas a sus sepulturas. Entre el 11 de mayo y el 15 de julio se celebraba esta festividad —dependiendo de la zona y de cuándo florecían las rosas—, y también se preparaban recetas con ellas, para ser ofrecidas a los espíritus de los muertos. Con todo ello, la presencia de las rosas en esta lauda sepulcral tiene toda la razón de ser, y un significado que sigue trascendiendo los siglos.

Capullos de una rosa antigua
Foto: Salicyna

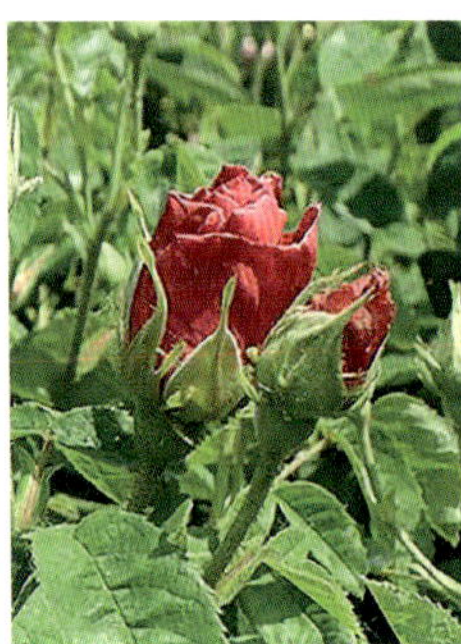

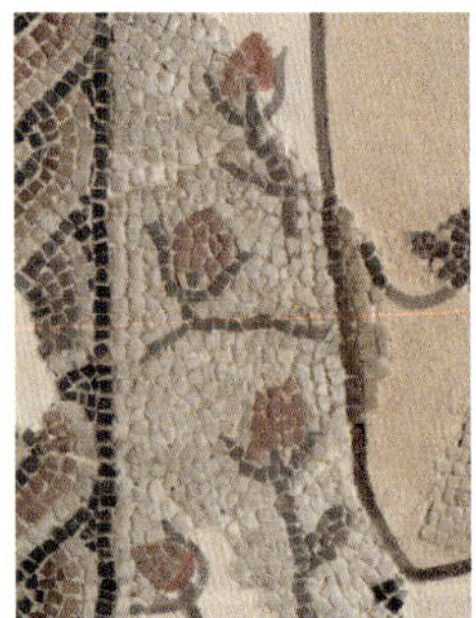

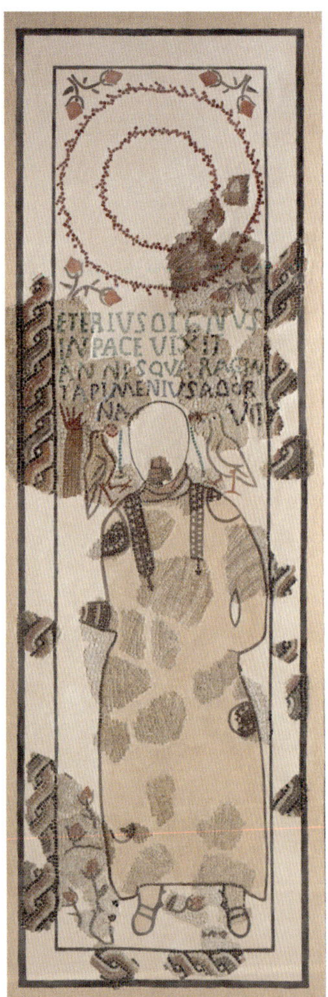

Anillo

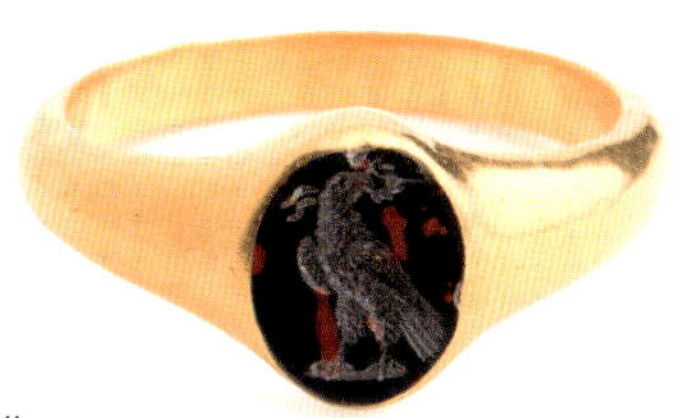

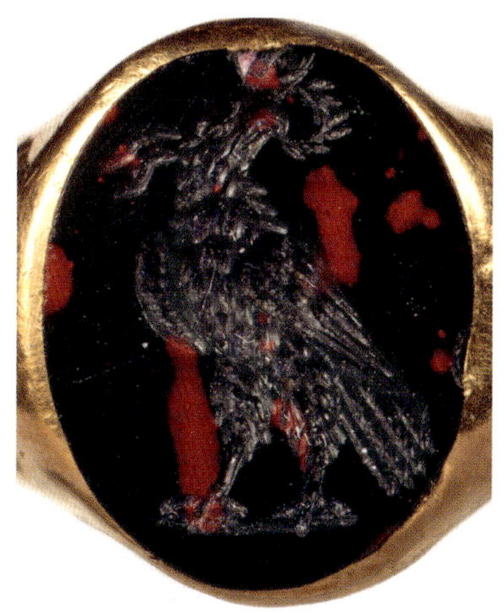

Anillo
Edad Media
Siglo XI
Entalle romano I-II d. C.
Oro y piedra semipreciosa
Monasterio de San Juan de la Peña (Botaya, Jaca)
NIG 02280

La corona de **laurel** (*Laurus nobilis*) es un símbolo de inmortalidad, de honor y de victoria desde tiempos antiguos. Es también un emblema de la paz alcanzada. Cuando los emperadores romanos conseguían una victoria, desfilaban portando una rama de laurel en una mano y un cetro de marfil con un águila en la otra, mientras que su cabeza también lucía una corona de hojas de laurel. Desde entonces, es habitual encontrar representaciones con esta planta en siglos posteriores. En este anillo, un águila sujeta esa corona en su pico.

Sestercio
Anverso
Época romana
Siglo II d. C.
Bronce
Yacimiento de Labitolosa
(La Puebla de Castro)
NIG 08272

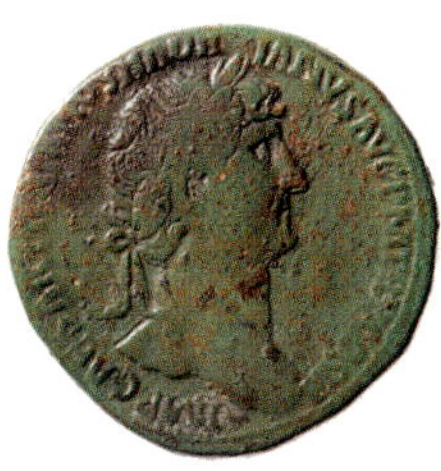

Las aromáticas hojas de laurel.
Foto: Marija Gajić

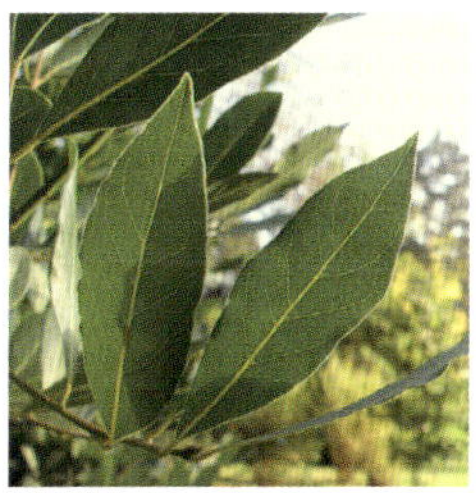

El laurel ha sido venerado en todas las civilizaciones, al poseer asimismo un carácter protector allá donde creciera. Muchas de sus cualidades provienen de su anatomía, al tratarse de un arbusto o pequeño árbol siempre verde, con una belleza sobria y sencilla. Además, es muy resistente, soportando sequías o podas drásticas, siendo capaz de rebrotar incluso después de un incendio. Por todo ello, no es raro que su vigor se haya extrapolado a las buenas cualidades deseadas para emperadores y gobernantes. En el Museo de Huesca se conserva también una moneda del emperador Adriano con una corona de laurel (ver foto arriba).

Capiteles románicos. Sala de Doña Petronila

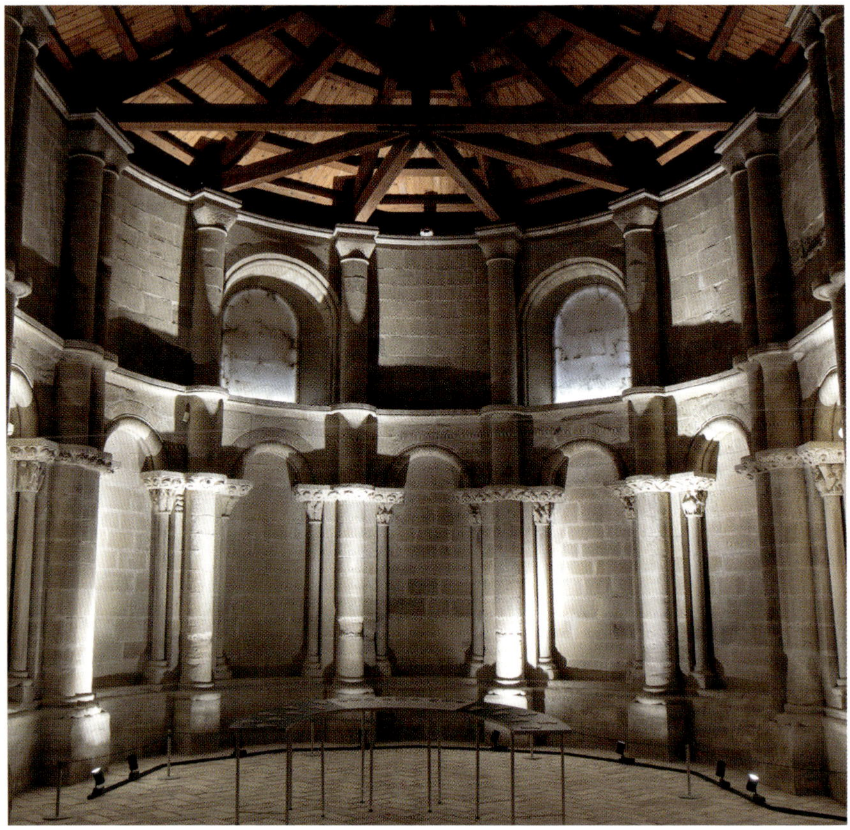

Sala de Doña Petronila
Palacio de los Reyes de Aragón
Siglo XII

Capiteles ►
Sala de Doña Petronila
Piedra

Las formas vegetales recorren los cimacios de las columnas de esta sala, juntándose y mezclándose entre sí. No siguen un modelo concreto, sino que más bien exageran rasgos botánicos hasta llevarlos al extremo de lo grotesco. En consecuencia, se ven unas hojas que parecen garras de un león, mientras que otras estructuras aparentan unos floripondios enormes. En muchos de los ornamentos, las hojas del **acanto** (*Acanthus mollis*) esquematizadas han servido de modelo.

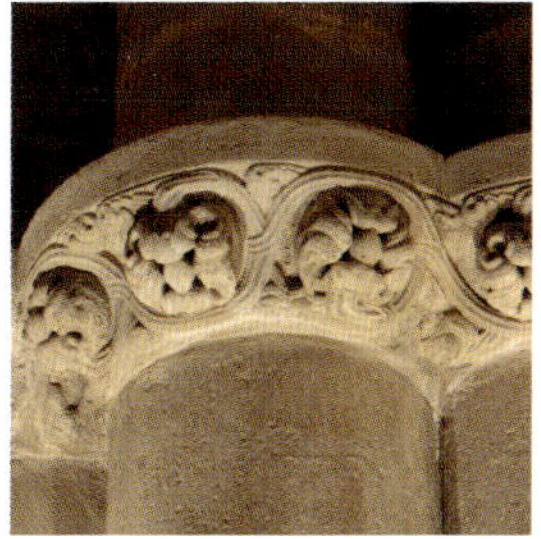

Floripondios insertos en los roleos vegetales

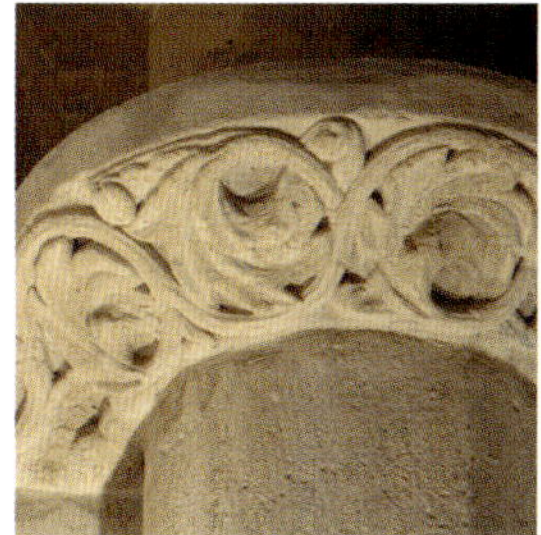

Roleos vegetales compuestos con hojas de acanto esquematizadas

El naturalismo en estos **roleos vegetales** no está presente, pero, al mismo tiempo, acompañan y cobijan a la perfección las escenas sagradas que se desarrollan debajo de ellos. Son fantasías botánicas que sobrevuelan los siglos y que impregnan la piedra con su belleza.

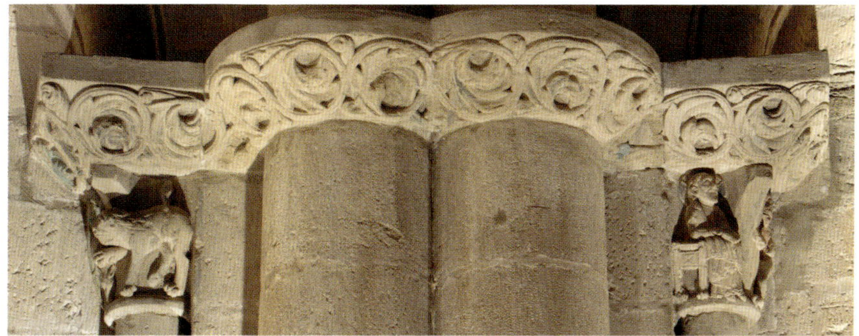

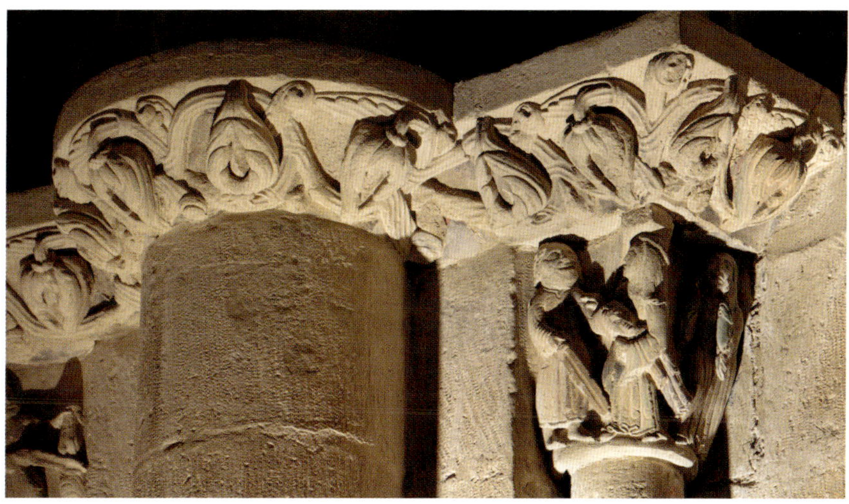

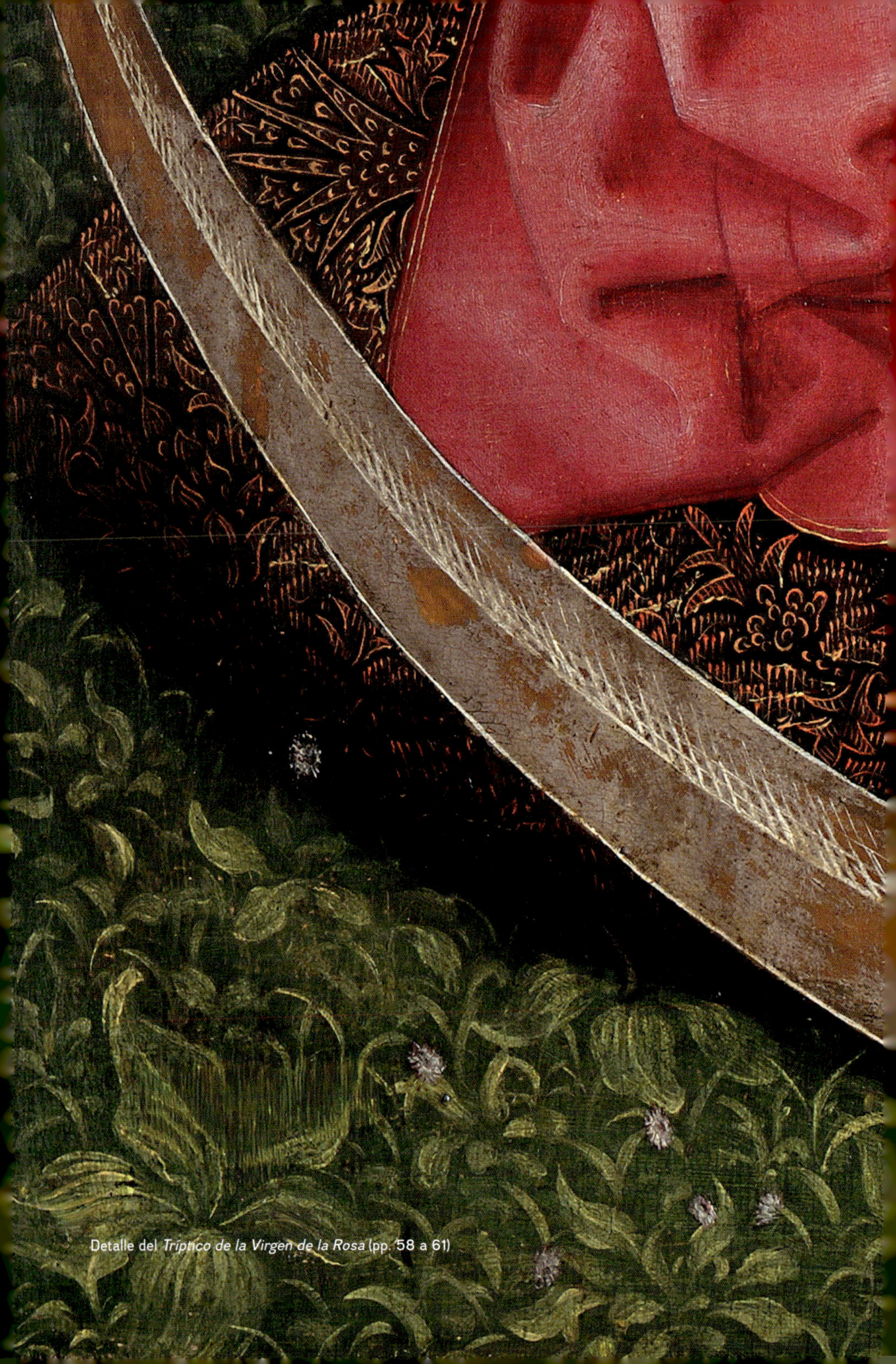

Detalle del *Tríptico de la Virgen de la Rosa* (pp. 58 a 61)

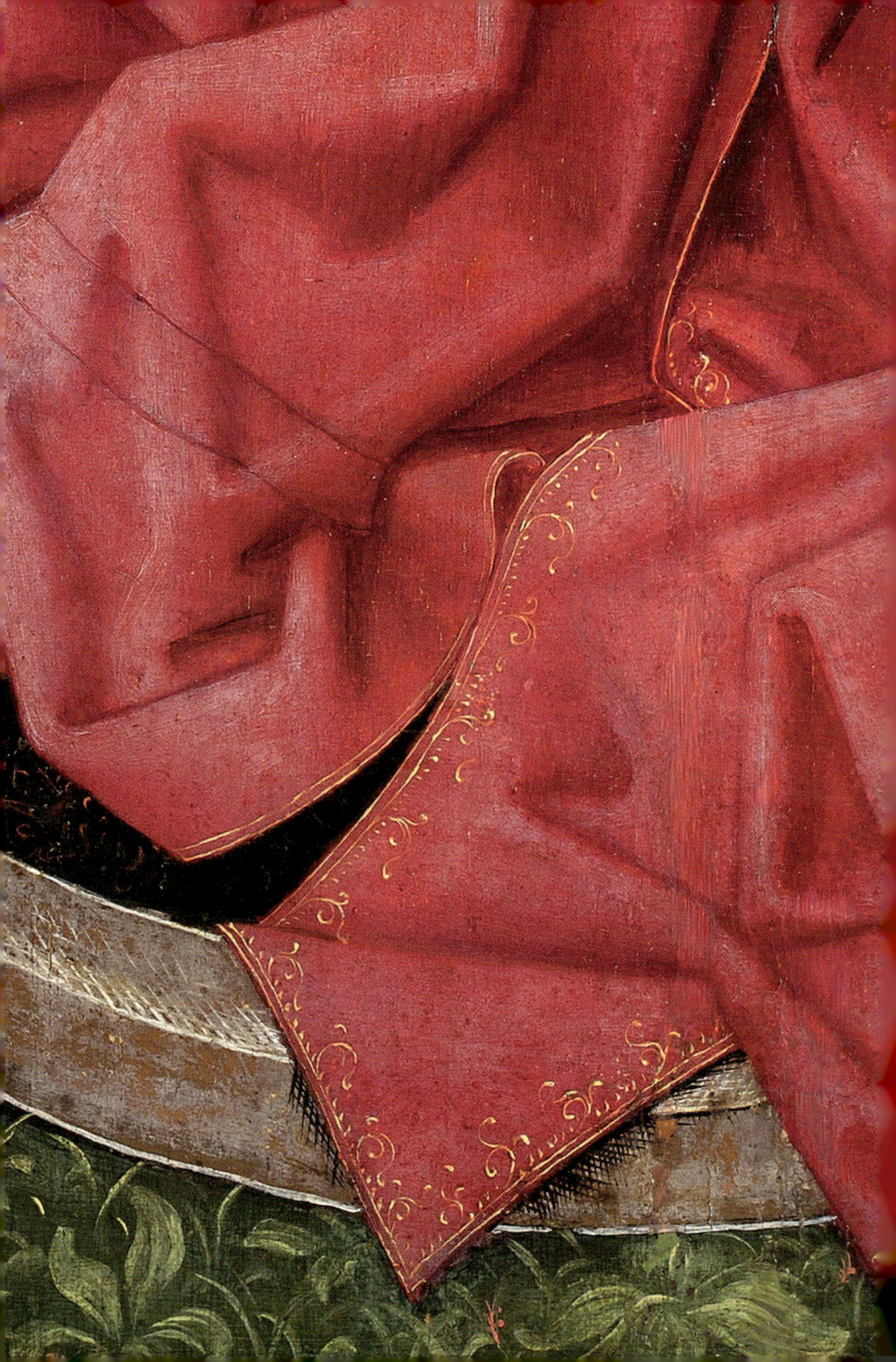

Tapiz de la Virgen con el Niño y San Vicente

Tapiz de la Virgen con el Niño y San Vicente
Quintín Metsys / Primer tercio del siglo XVI
Lana y Seda / Catedral de San Vicente (Roda de Isábena)
NIG 11563
Depósito del Museo Arqueológico Nacional

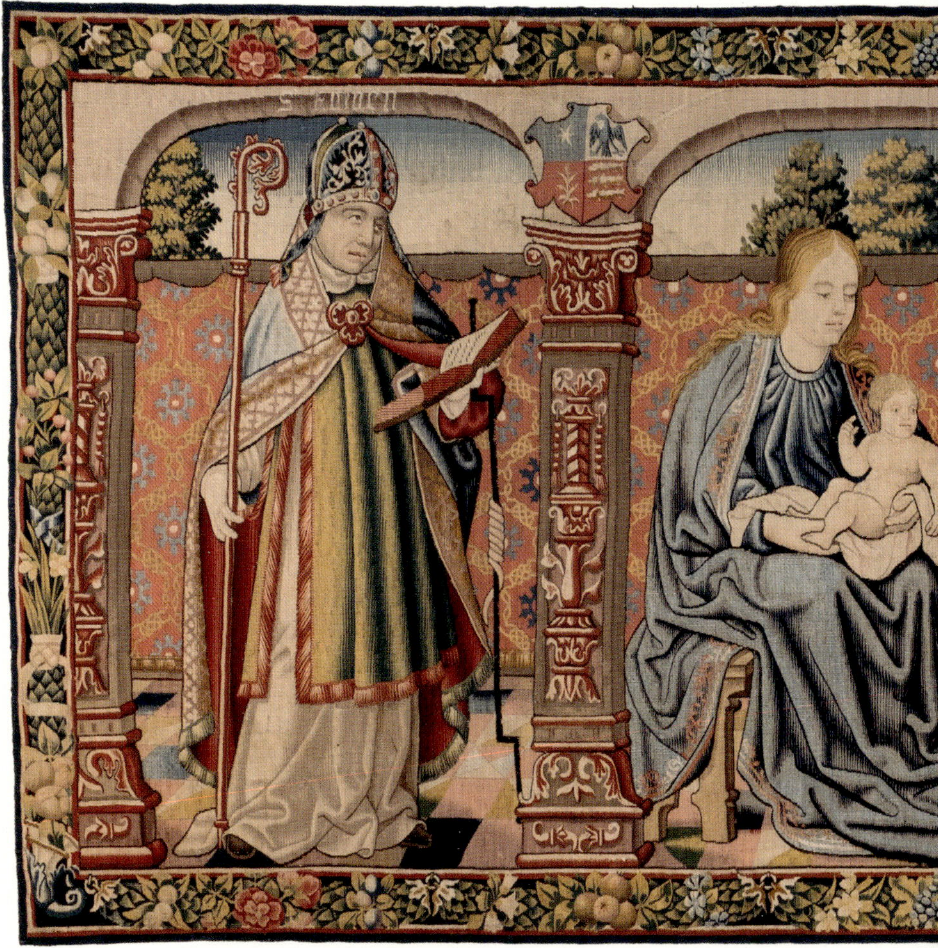

Este tapiz custodia entre la trama de sus hilos multitud de especies. Una cenefa que recorre todo el perímetro de la obra alterna distintas plantas. Están engastadas, como si de joyas se trataran, en unas guirnaldas compuestas de hojas de **laurel** (*Laurus nobilis*) junto con frutos y flores. La cenefa superior contiene las mismas especies que la inferior, al igual que la cenefa del lado izquierdo con respecto a la del lado derecho. El medio textil con el que están creadas estas plantas es más rígido que si estuvieran dibujadas, por lo que sus formas son más esquemáticas y los colores no tan realistas como en una pintura. Aun así, son perfectamente reconocibles.

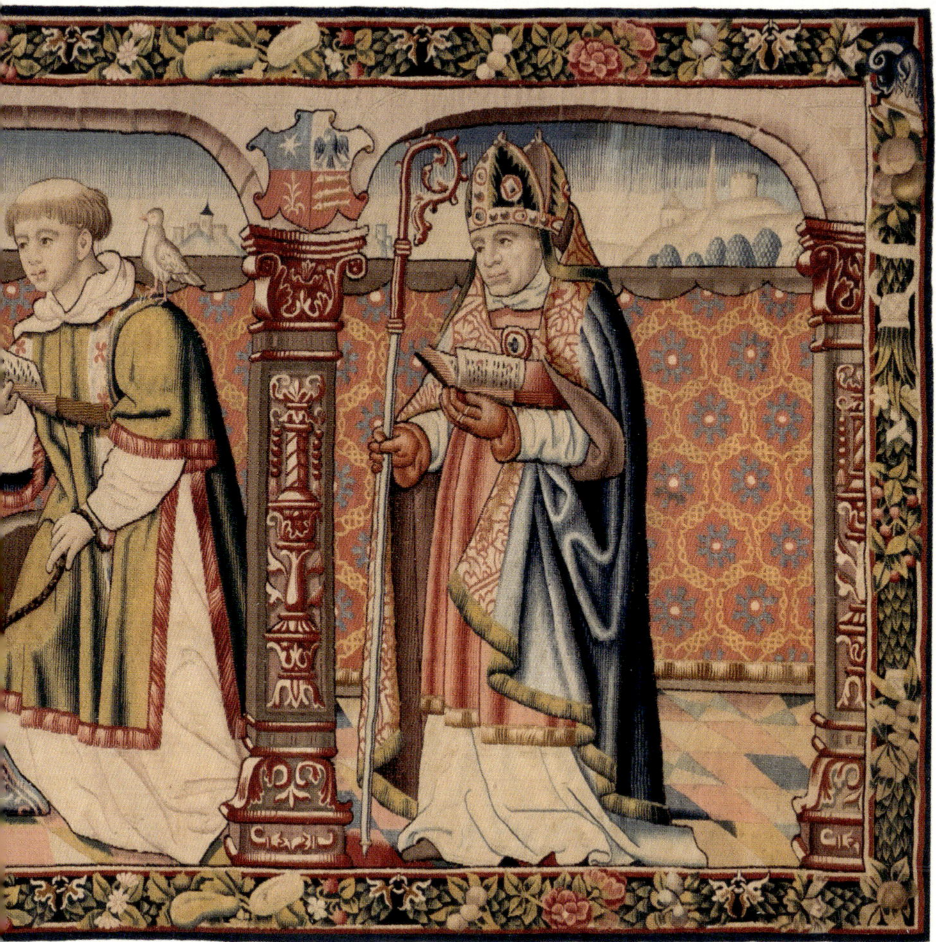

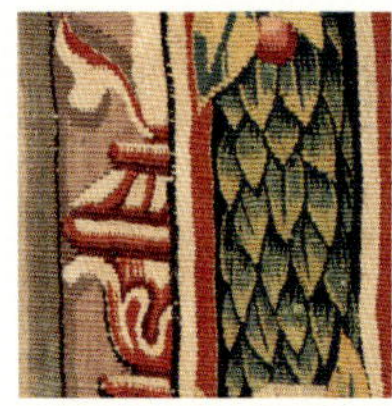
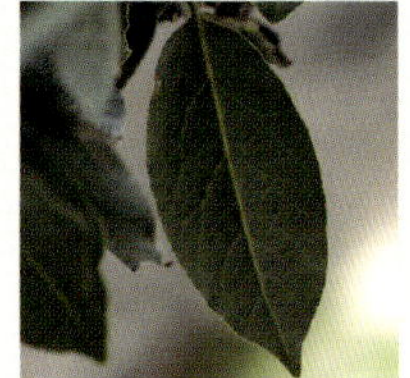

Laurel (*Laurus nobilis*)
Foto: CostaPPPR

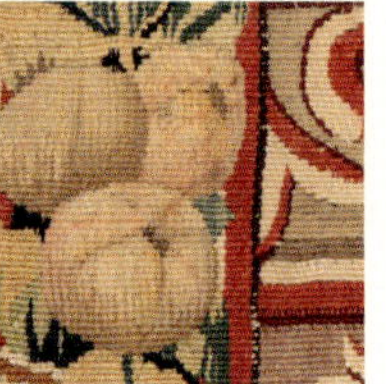
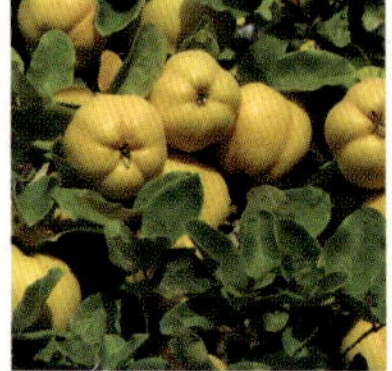

Membrillo (*Cydonia oblonga*)
Foto: Dietrich Krieger

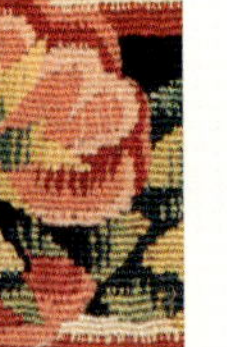
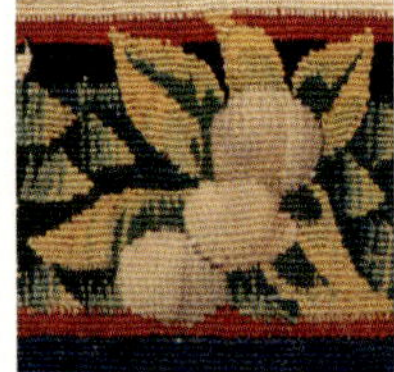
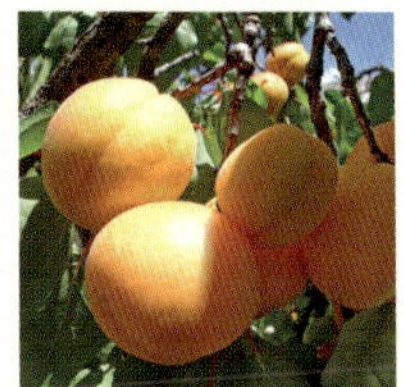

Albaricoque (*Prunus armeniaca*)
Foto: KKKair

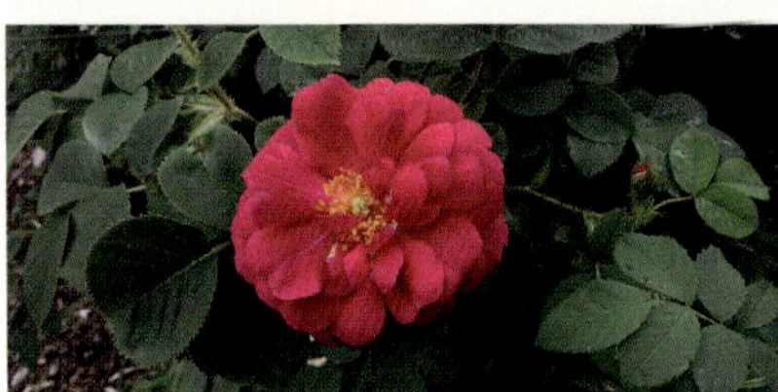

Rosa de boticarios
(*Rosa gallica* 'Officinalis')
Foto: Bernt Fransson

Entre las flores representadas hay varias cultivadas habitualmente en tiempos medievales, como la **rosa de boticarios** (*Rosa gallica* 'Officinalis'), la **vincapervinca** (*Vinca minor*) o la **caléndula** (*Calendula officinalis*), tres especies que rara vez faltaban en los jardines de claustros, monasterios, castillos o casas. Aparte de por su belleza, las propiedades medicinales de cada una de ellas las hacía ser muy valoradas. De ahí proviene ese "apellido" de sus nombres científicos: *officinalis* (como acabamos de ver en la rosa o en la caléndula). Ello quiere decir que es una planta oficinal y que, por lo tanto, se utiliza como medicina.

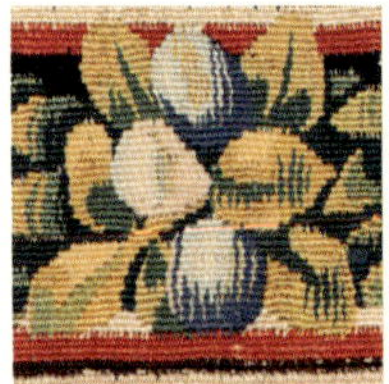
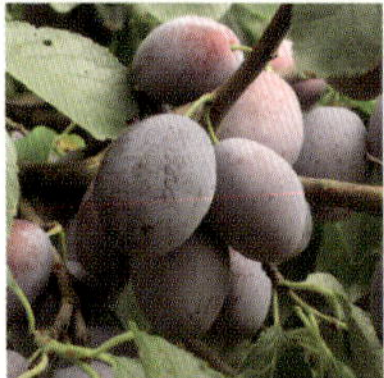

Ciruelo (*Prunus domestica*)
Foto: Jiří Vysloužil

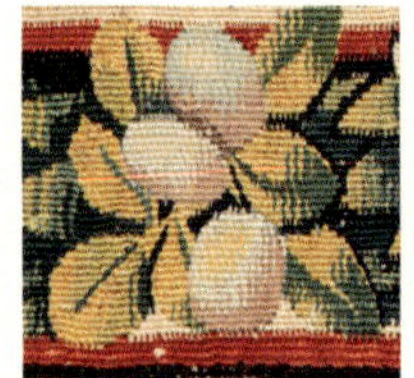
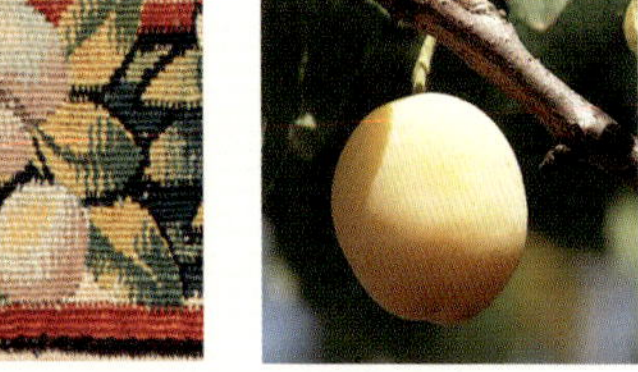

Ciruelo (*Prunus domestica*)
Foto: Ministerstwo Rolnictwa i Rozwoju Wsi

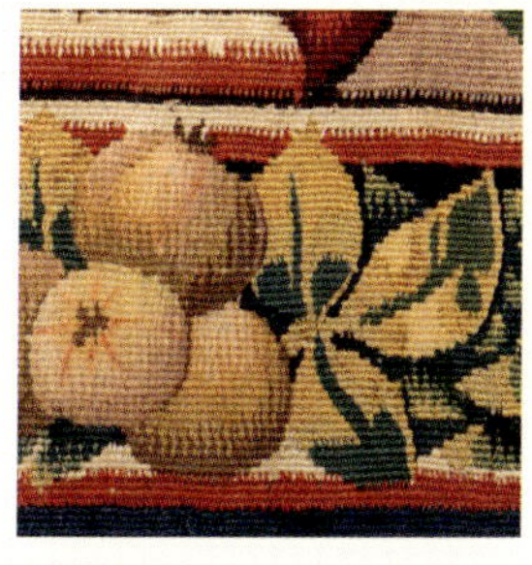

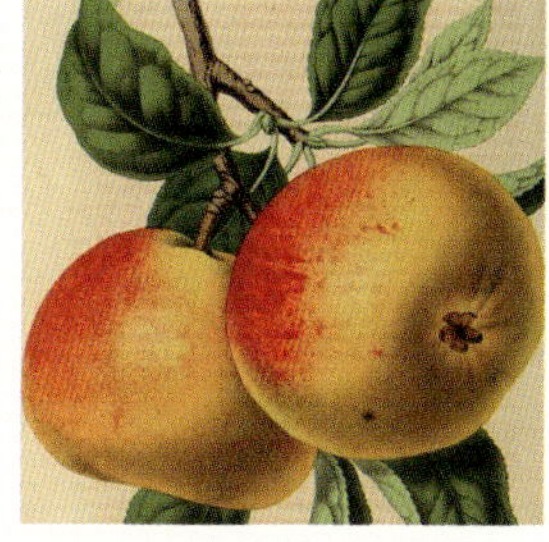

Manzano
(*Malus domestica*)
Foto: Dominio público

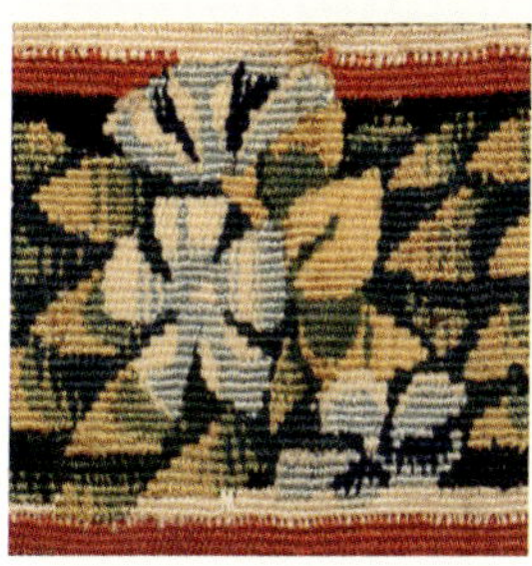

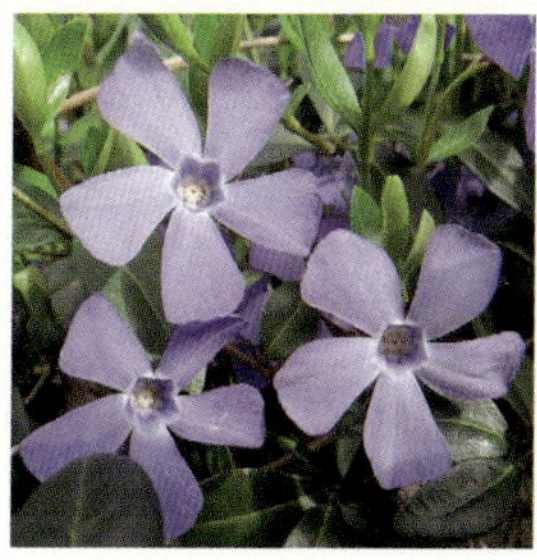

Vincapervinca
(*Vinca minor*)
Foto: AnRo0002

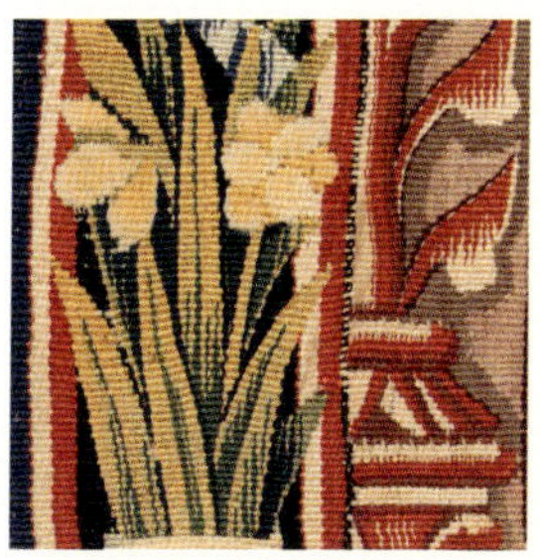

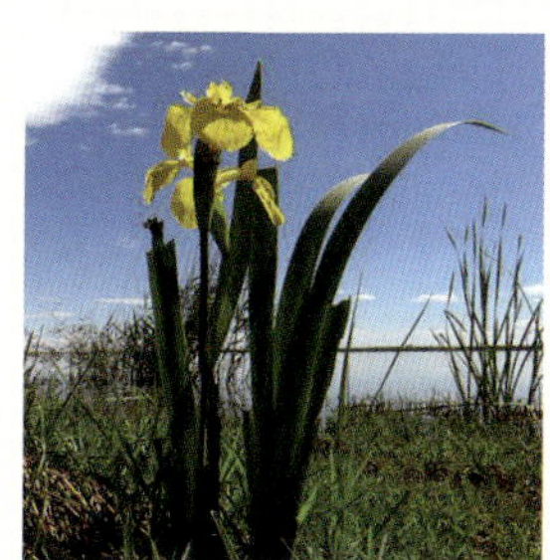

Lirio amarillo
(*Iris pseudacorus*)
Foto: Donald Hobern

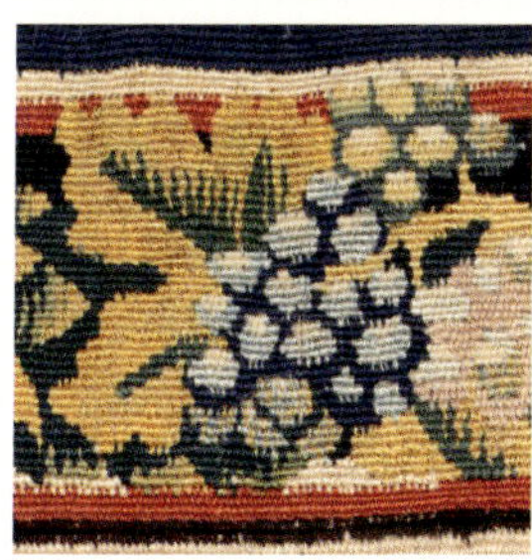

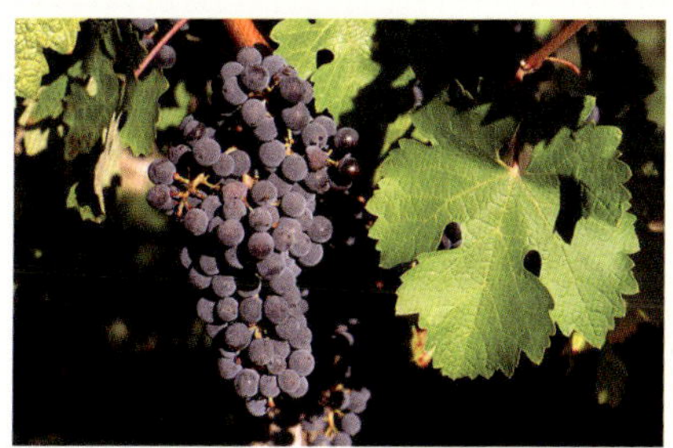

Parra
(*Vitis vinifera*)
Foto: Benutzer: BerndtF

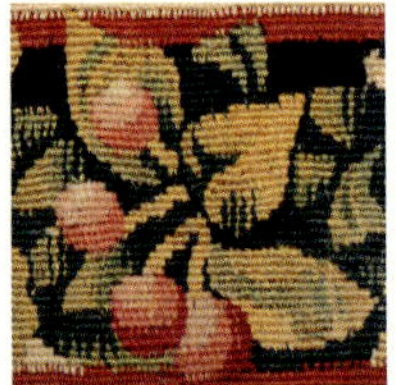
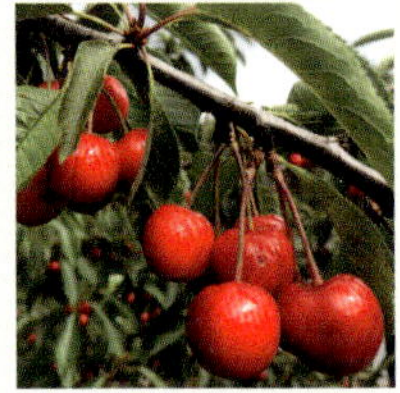

Cerezo (*Prunus avium* / *Prunus cerasus*)
Foto: NiTenIchiRyu

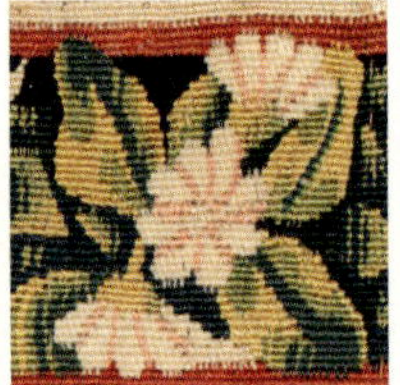
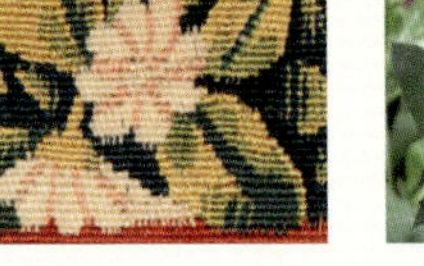

Caléndula (*Calendula officinalis*)
Foto: YubKooka

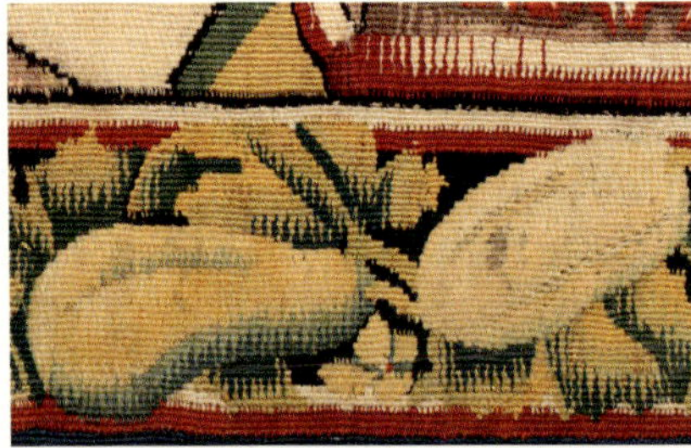
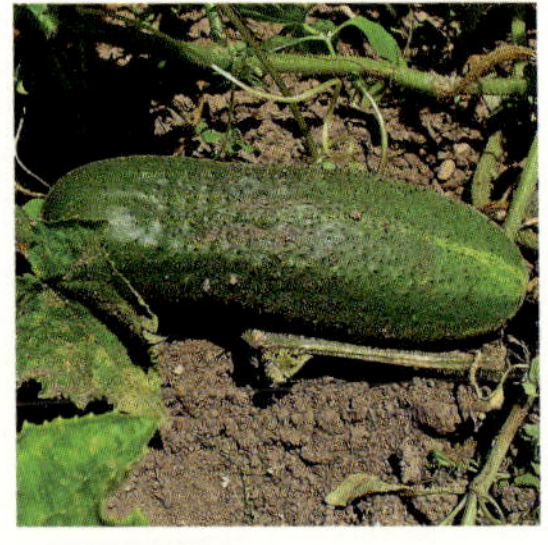

Pepino
(*Cucumis sativus*)
Foto: H. Zell

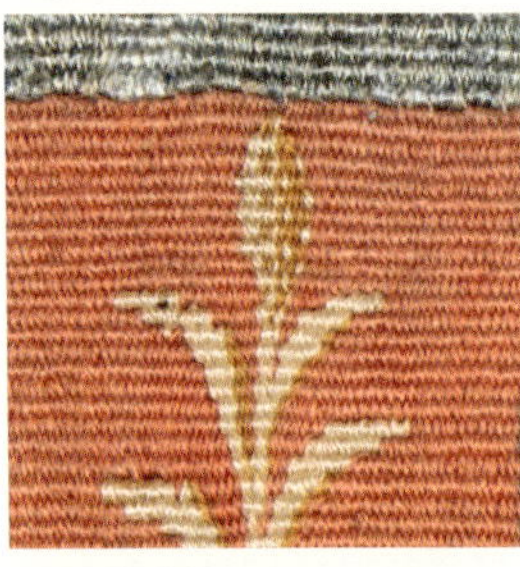
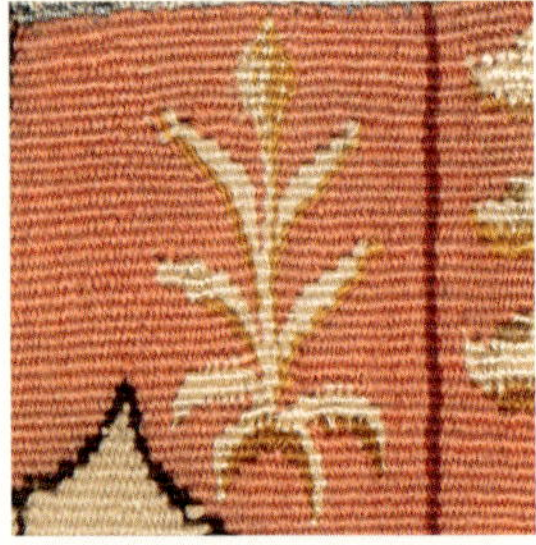

Llama la atención, por su rareza en representaciones, la probable inclusión de la planta de **sorgo** (*Sorghum bicolor*), visible en los dos escudos nobiliarios. En ellos, el sorgo se encuentra por debajo de la estrella y a la izquierda de tres peces de esturión. Puede que su presencia se vea justificada por la leyenda que cuenta que el hisopo con el que se mojaron los labios de Jesús en la Cruz era en realidad un tallo de esta planta.

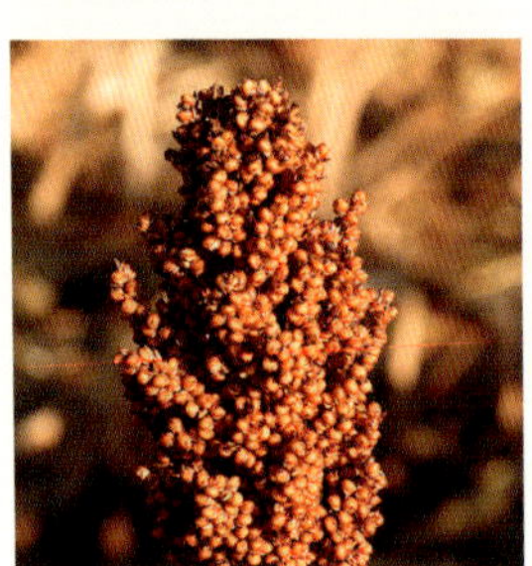
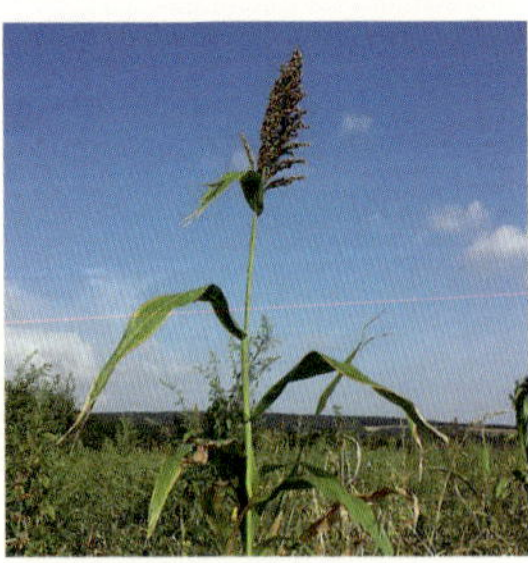

Sorgo (*Sorghum bicolor*) / Foto: Inra Dist / Stefan.lefnaer

Por encima del paño de honor que sirve de telón de fondo a las figuras asoman las copas de cuatro grandes **árboles**, así como de un bosquete en la parte derecha. Tejidos con rasgos muy generales, no es posible aventurar de qué especies pudieran tratarse. La botánica también está presente en el **acanto** (*Acanthus mollis*) de los cuatro capiteles en primer término, así como en los ornamentos de los cuatro pilares. De igual forma, se aprecian decoraciones vegetales bordadas en las vestimentas y en las mitras de las cuatro figuras adultas. En el caso de los ropajes de la Virgen, un delicado roleo vegetal recorre todo el borde de su manto.

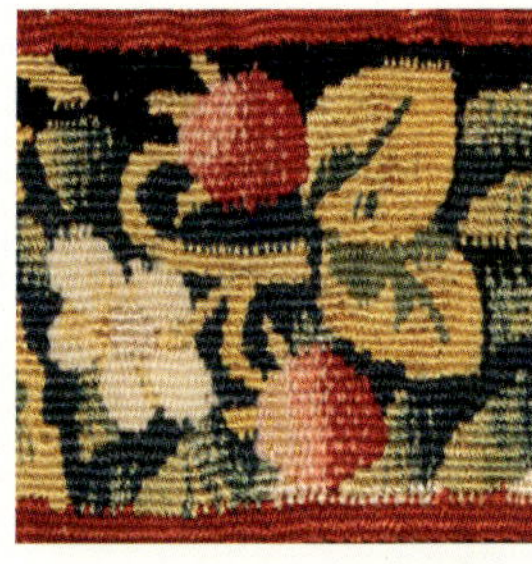

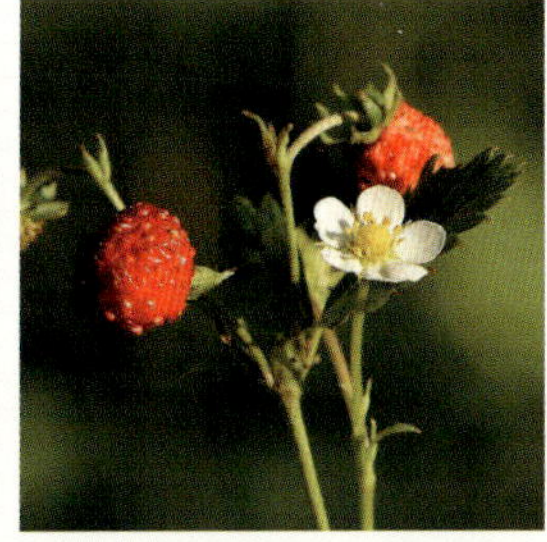

Fresa silvestre
(*Fragaria vesca*)
Foto: Ivar Leidus

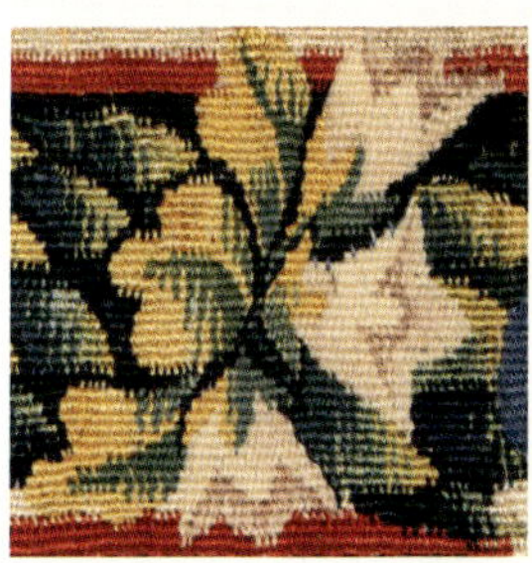

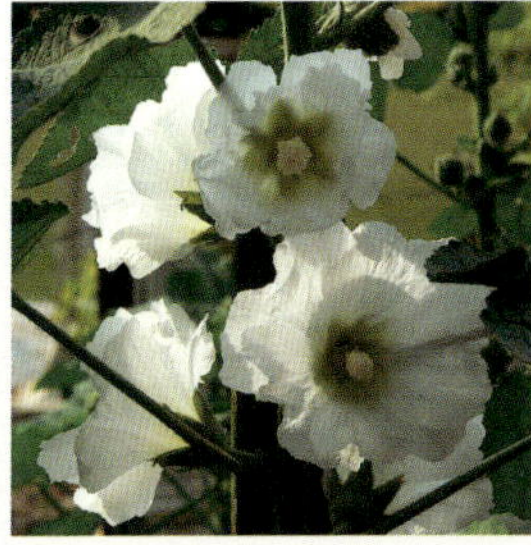

Malva real
(*Alcea rosea*)
Foto: Dinesh Valke

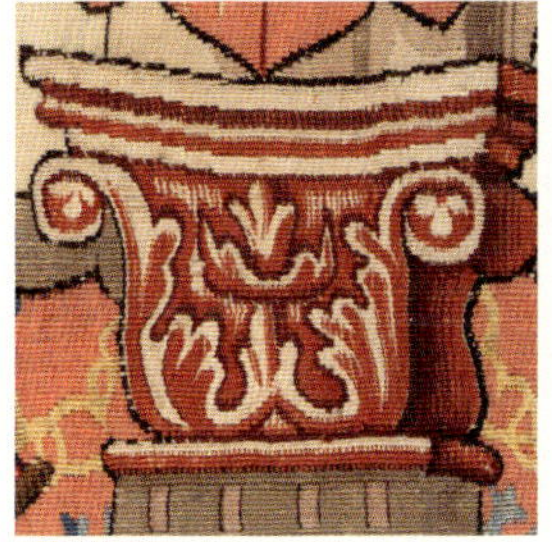

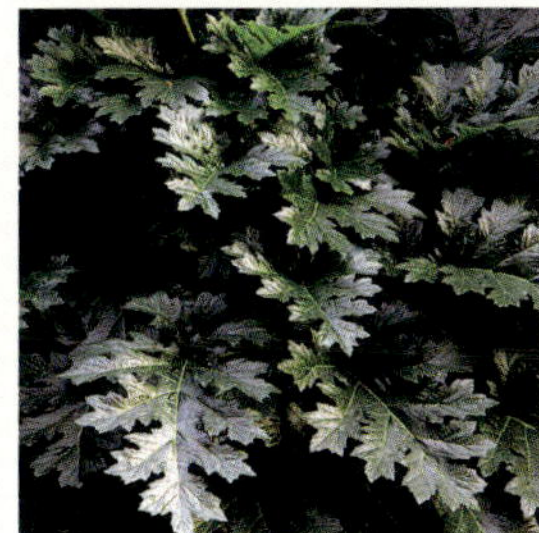

Acanto
(*Acanthus mollis*)
Foto: LBM1948

Rodrigo de Sajonia

La botánica de Rodrigo de Sajonia es tan personal como su estilo. El artista recurre a las plantas para completar el mensaje de la historia sagrada, como sucede en *La Anunciación* o en *La Visitación*. Rara vez aplica un dibujo realista y preciso, como en el caso de los claveles que aparecen en *La Visitación*, mientras que en la mayor parte de las ocasiones sus plantas se empapan de una anatomía fantasiosa, con solo algunos pequeños destellos de realidad. De esta manera, el artista crea un universo botánico propio y singular.

El Abrazo ante la Puerta Dorada

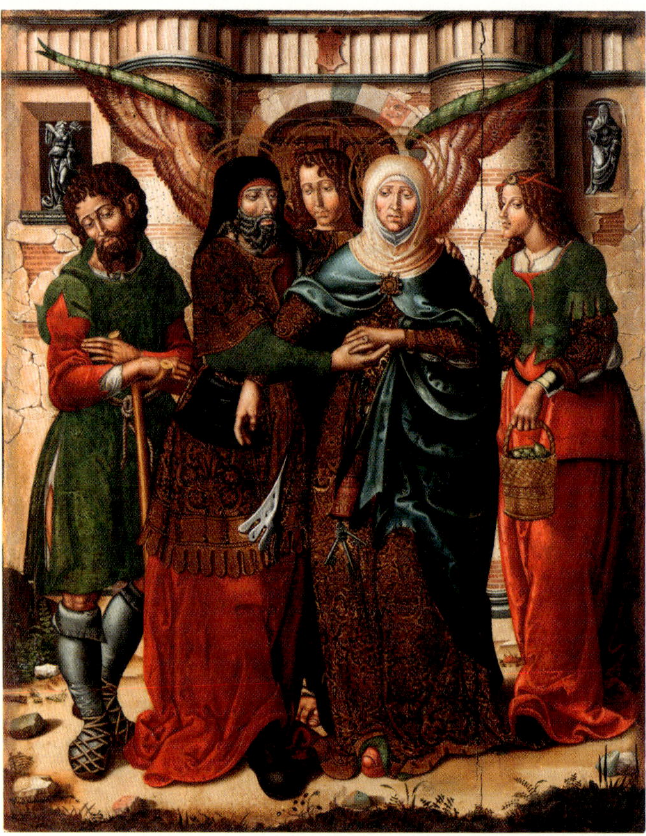

La etnobotánica, que es la utilización de las plantas por parte del ser humano, también está presente en las obras de arte. Aquí, por ejemplo, se ven un cayado y una **cesta de mimbre**, ambas realizadas con plantas. Para la confección de estas cestas se trenzaban ramas finas y flexibles de **sauce** (*Salix* spp.).

El Abrazo ante la Puerta Dorada
Rodrigo de Sajonia
1515-1519
Óleo sobre tabla
Iglesia del Real Monasterio de Santa María de Sijena
NIG 00001

En cuanto al **bastón** que sirve de apoyo a una de las figuras, estaría formado sobre el mismo árbol vivo, gracias a una poda de formación para hacer ese ahorquillado. Si se confía en los anillos que muestra la madera del bastón, habrían sido necesarios tres o cuatro años sobre el árbol para formar el cayado.

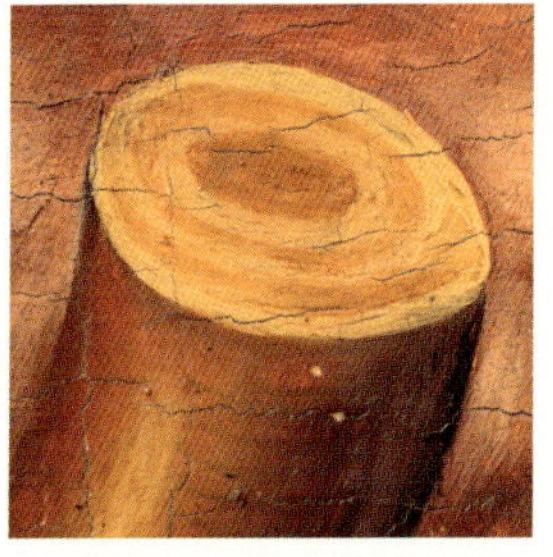

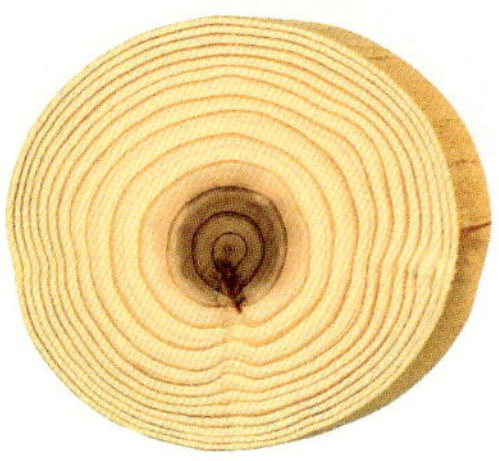

Los anillos de la madera del bastón muestran el crecimiento de primavera —de color claro— y los anillos de otoño —de color oscuro—, así como el centro de color más oscuro, que se corresponde con el duramen. Fotos: Jean-Pierre Chéreau y Roger Culos

Las plantas pintadas en esta tabla, tienen unos rasgos muy generales y algo fantasiosos. Varias de ellas parecen gramíneas. Una de las plantas que Rodrigo de Sajonia suele incluir en sus obras tiene como modelo al **llantén mayor** (*Plantago major*), pero con un aspecto carente de total realismo. Es una de las especies más representadas en las obras de carácter religioso, tanto en las tablas góticas como en obras renacentistas. Su simbología está unida a su morfología, ya que sus inflorescencias recuerdan a la lanza que hirió a Jesús en la Cruz, por lo que representa la Pasión de Jesucristo.

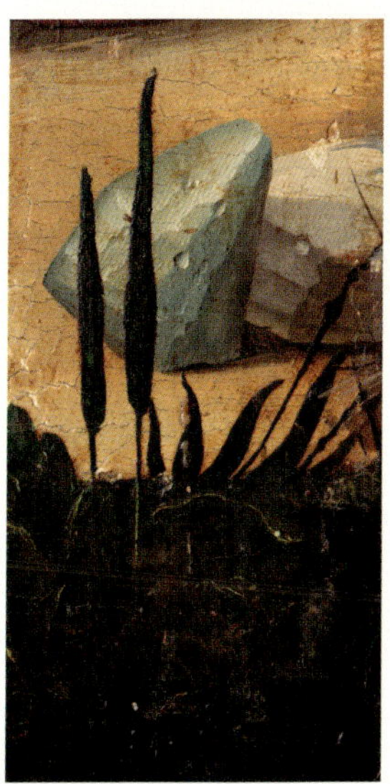

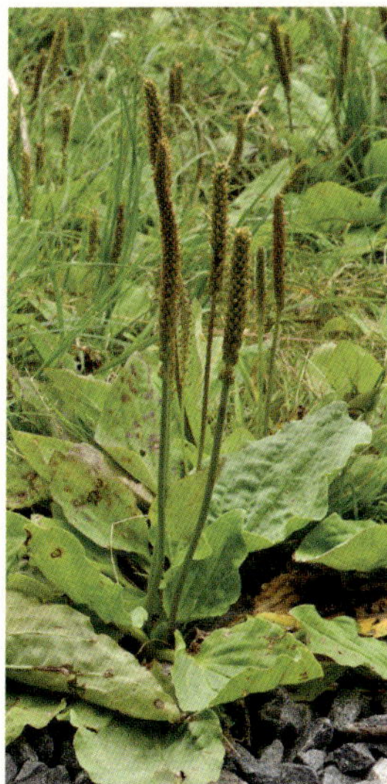

Las formas botánicas también están presentes en los **bordados** de los trajes, toda una demostración de destreza por parte de los maestros tejedores de la época.

Llantén mayor
Foto: Ryan Hodnett

El Nacimiento de La Virgen

Incluso en las obras donde parece que no hay rastro de botánica, las hojas y las flores nos sorprenden. En esta se aprecian hojas de **acanto** (*Acanthus mollis*) en los ornamentos de las arquitecturas, tallados sobre la piedra grisácea, o también en el tarro de ungüentos que porta la mujer de la derecha.

En las mangas y vestidos de los personajes hacen acto de presencia **flores** y **hojas**, algunas de ellas de cardos, símbolo del sufrimiento de Cristo en la Cruz. Del mismo modo, hay más motivos vegetales en el paño de honor verde y rojo del fondo.

El Nacimiento de la Virgen ►
Rodrigo de Sajonia
1515-1519
Óleo sobre tabla
Iglesia del Real Monasterio de Santa María de Sijena
NIG 00002

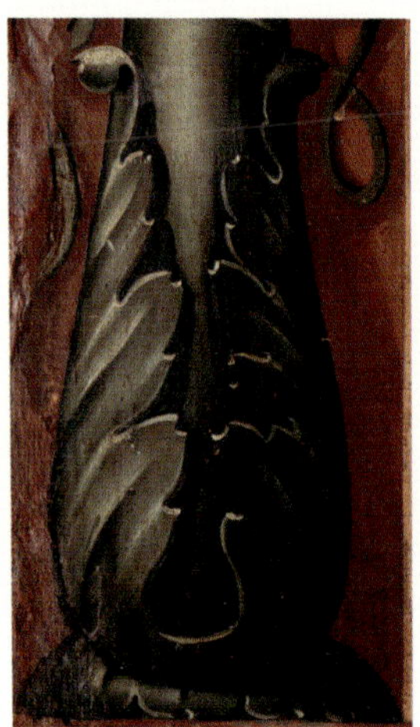

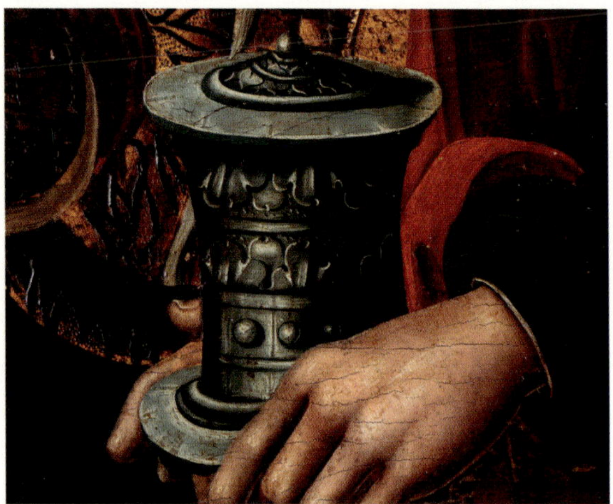

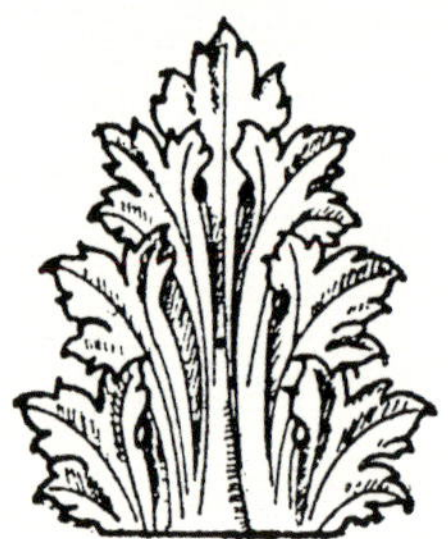

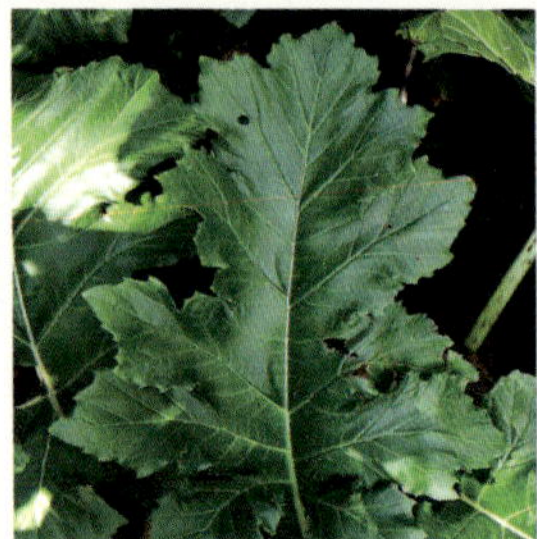

Hojas de acanto talladas en la base de la columna de piedra y en la pared del tarro de ungüentos.
Fotos: Beautiful Buildings Pics / Luis Nunes Alberto

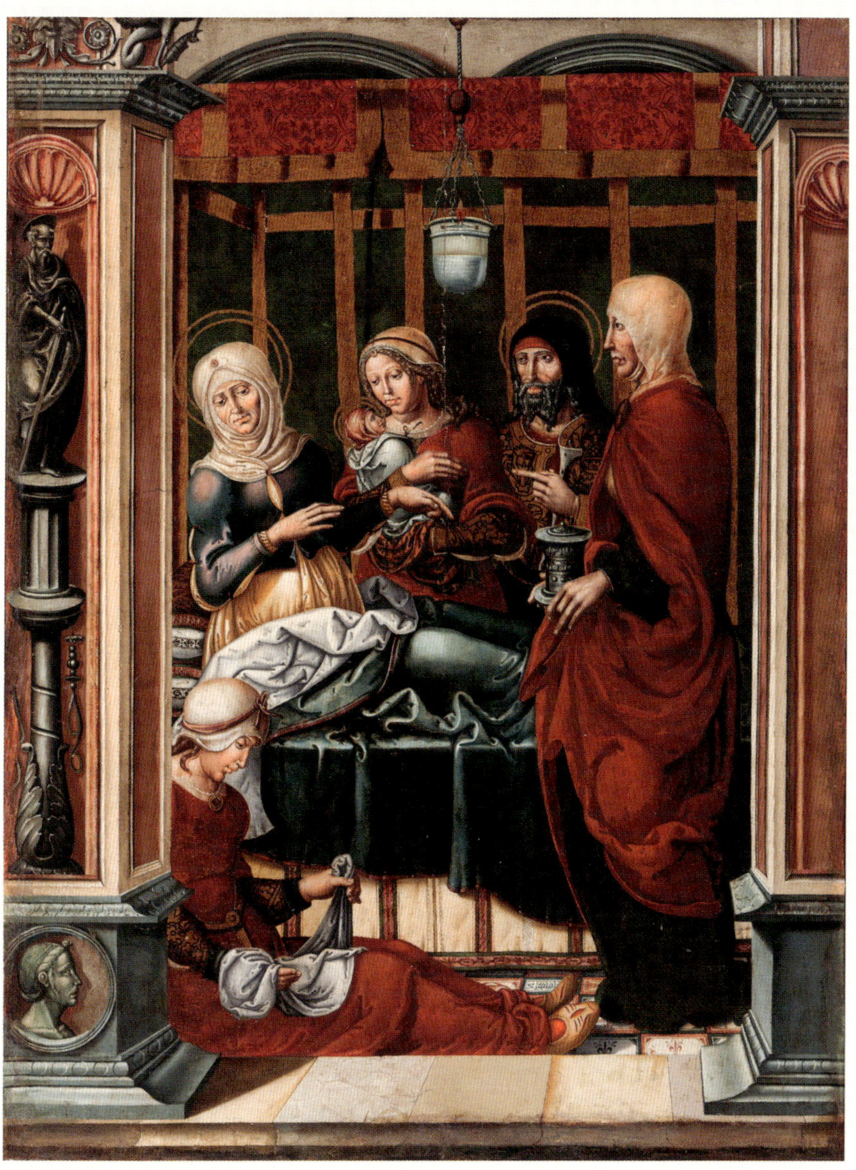

La Anunciación

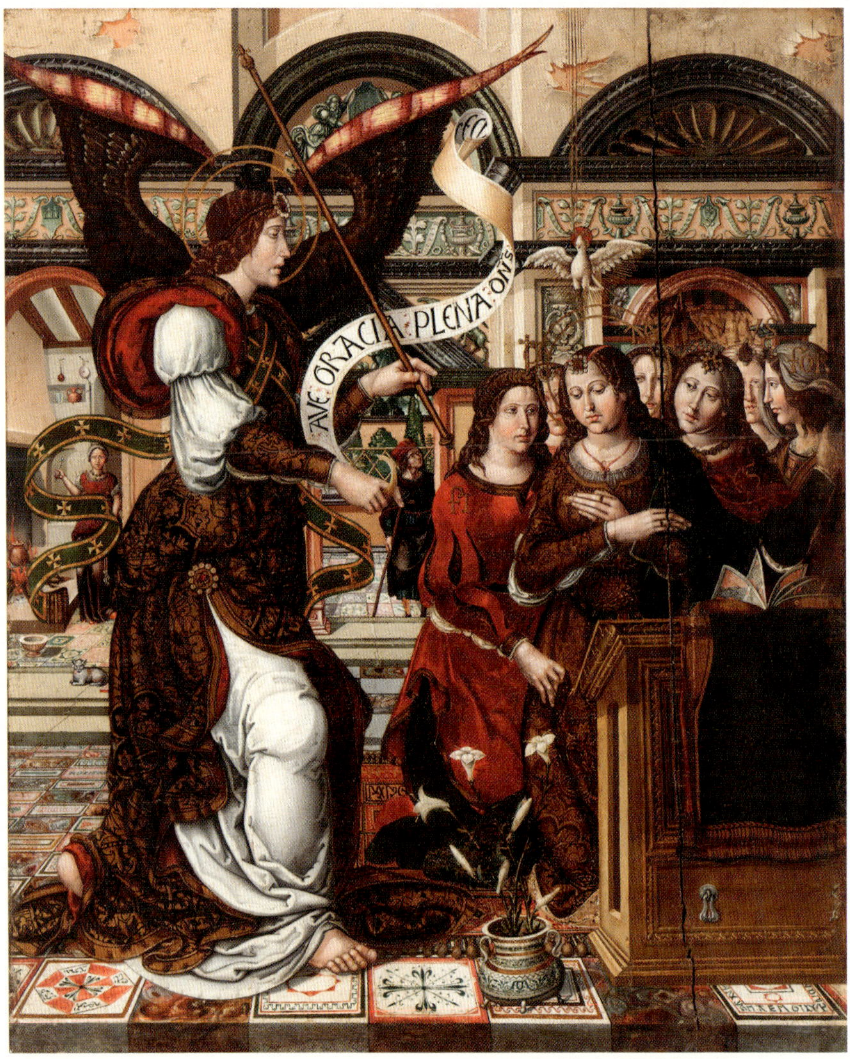

La Anunciación
Rodrigo de Sajonia / 1515-1519
Óleo sobre tabla / Iglesia del Real Monasterio de Santa María de Sijena
NIG 00003

Un jardín tapiado se abre al fondo de la escena, entre las manos del arcángel San Gabriel. La única especie que se podría reconocer es un posible **ciprés** (*Cupressus sempervirens*), inconfundible con su porte estrecho como una columna. A la derecha del jardín, hay un arbusto o un pequeño **árbol podado** en pisos, un recorte muy habitual en los jardines medievales y renacentistas. La **valla** está construida de madera o con cañas, perfectamente clavadas entre sí, un detalle artesano muy bello.

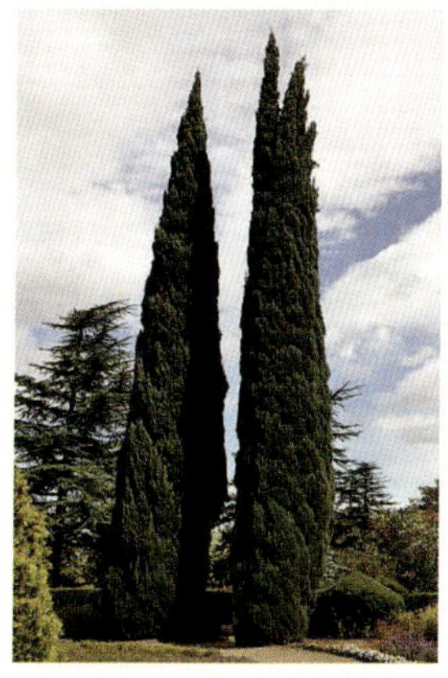

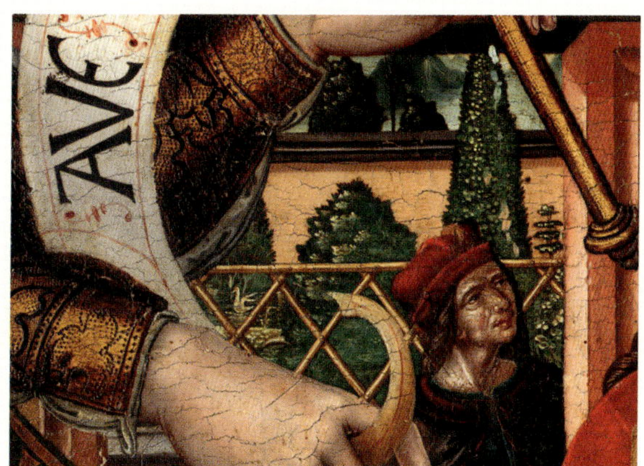

El porte estrecho del ciprés
Foto: Lazaregagnidze

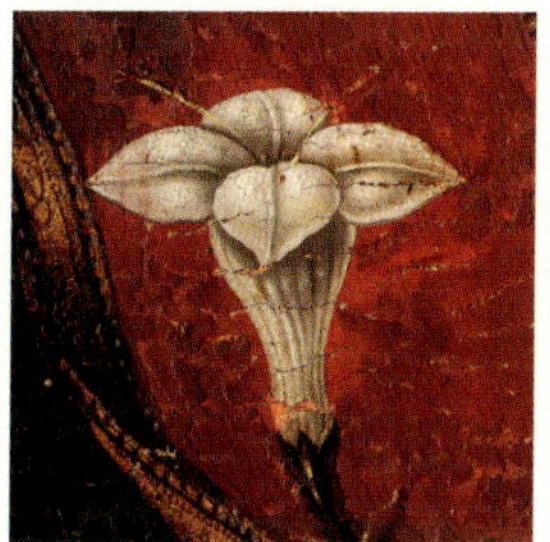

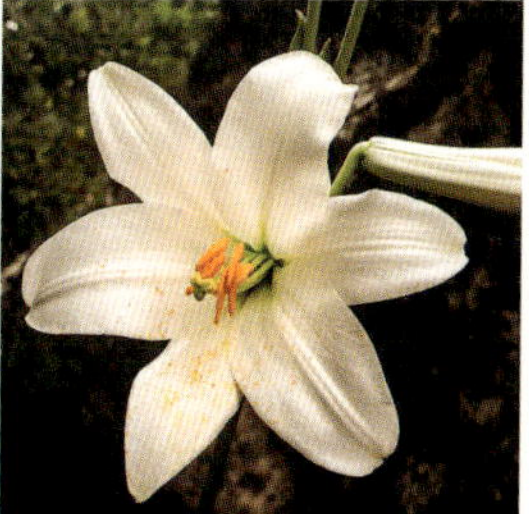

Los seis tépalos de la azucena
Foto: Arielinson

En primer término, en un delicado jarrón de mayólica, hay tres varas de **azucenas** (*Lilium candidum*), habitual acompañante de las escenas de Anunciación, como símbolo de la pureza y virginidad de María. Presenta cuatro capullos y tres flores abiertas. Se ve cómo el artista ha querido dejar en ellas parte de su personalidad, al pintarlas con solamente cuatro tépalos blancos, en vez de los seis que tiene esta flor.

La Visitación

Cuando un artista quiere que se reconozca una planta sin lugar a duda, lo lleva a cabo. En esta tabla eso es evidente en las flores que sujeta en su mano la figura de la izquierda. Se observa un tallo del que parten tres hojitas, una de ellas incluso ligeramente rizada. En su extremo hay dos flores rojizas con pétalos de bordes dentados. También se perciben sin dificultad unas pinceladas blanquecinas en el centro de los pétalos: son los estigmas, la parte reproductora femenina del **clavel** (*Dianthus caryophyllus*). Así, comprobamos cómo Rodrigo de Sajonia ha retratado a la perfección hasta el más mínimo detalle y ha captado hasta un pequeño rasgo anatómico de la flor.

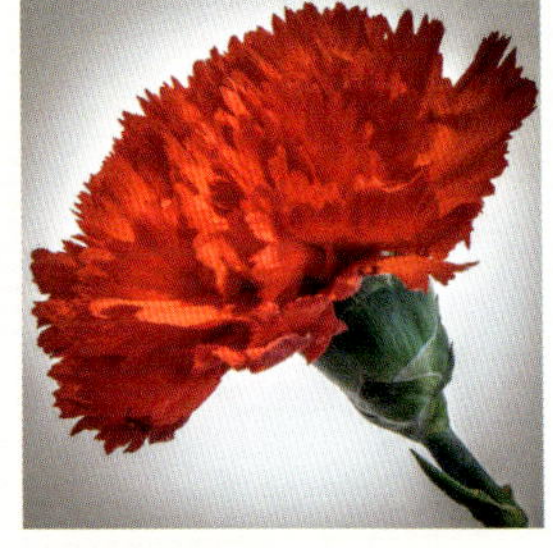

Variedad de clavel moderno.
Foto: MacBeales

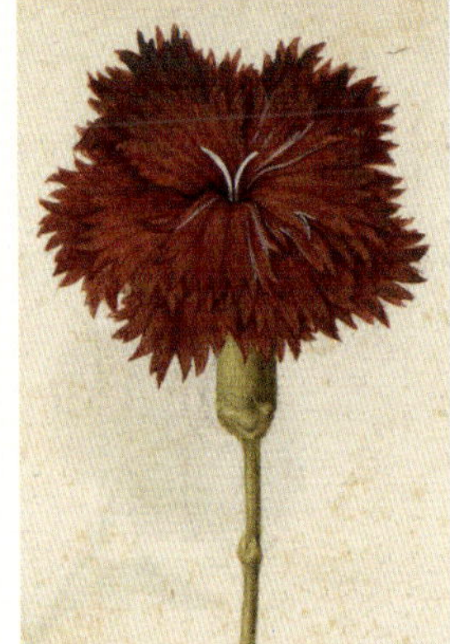

En la lámina botánica (dcha.), pintada alrededor de 1575, se aprecian los estigmas femeninos blancos del clavel, al igual que en los retratados por el pintor (izda.).

La Visitación ►
Rodrigo de Sajonia
1515-1519
Óleo sobre tabla
Iglesia del Real Monasterio
de Santa María de Sijena
NIG 00004

El clavel rojo es un símbolo de la sangre vertida. Es posible que sus dos flores hagan referencia al martirio que sufrirían en su edad adulta los hijos de la Virgen María y de Isabel: la crucifixión de Jesús y la decapitación de san Juan Bautista.

En la pradera a los pies de la Virgen habitan muchas flores de formas variadas, exclusivamente en la gama de los colores azulados y los rojizos (ver detalle en p. 2). Lo que llama inmediatamente la atención es la falta casi absoluta de realismo. Es muy posible que aquí el artista no persiguiera ser fidedigno, sino simplemente dar una idea de abundancia, de un prado fértil y rico, sin importarle no ser realista. O, quizás, este manto floral fuera completado por otra mano distinta a la que pintó los claveles ya vistos. Sea como fuere, las flores de tonos azulados suelen ser un atributo ligado a la Virgen, mientras que los rojizos podrían establecer un nexo con el martirio y la sangre vertida en él.

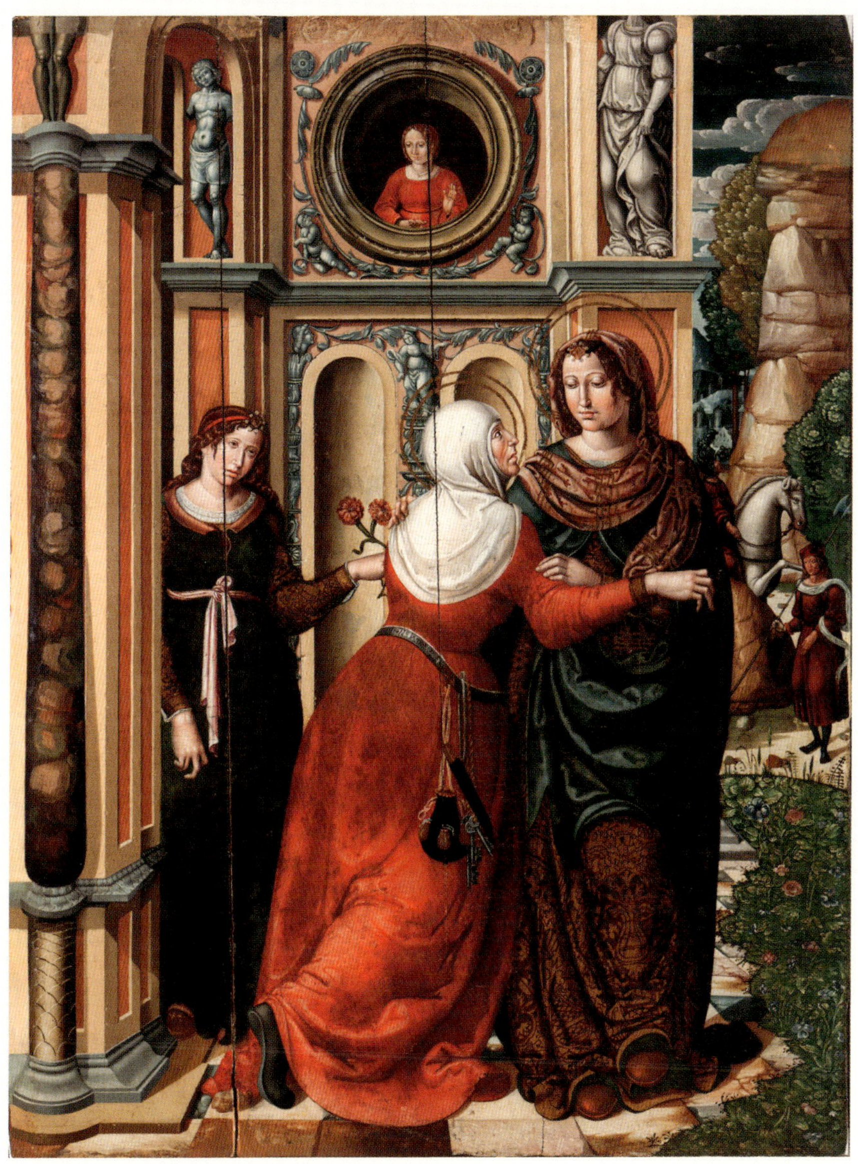

Curiosamente, muchas de estas flores pintadas son tetrámeras, es decir, presentan cuatro pétalos, quizás como un guiño a la Cruz. Entre las flores hay hojas y tallos genéricos en su mayoría, otros con un ligero precedente natural. A continuación, se muestran modelos que podrían haber inspirado las formas de estas plantas algo fantasiosas, sin que se pueda aseverar ninguna certeza, salvo en contadas ocasiones.

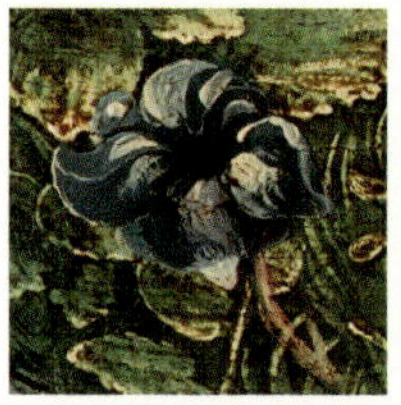
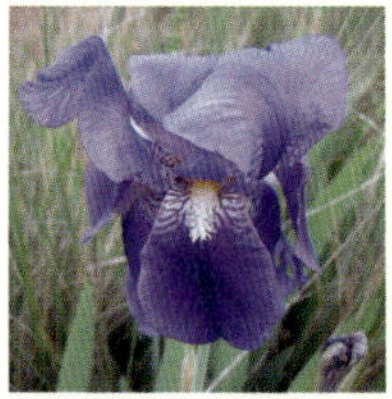

La flor más grande del prado es una fantasía. Su forma se asemeja a la de una azucena (*Lilium candidum*) con solo cuatro tépalos, teñida del color del lirio (*Iris germanica*).
Foto: Crespinell

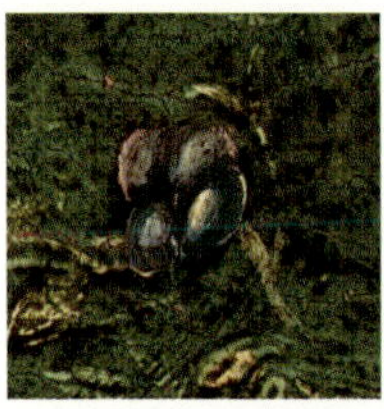
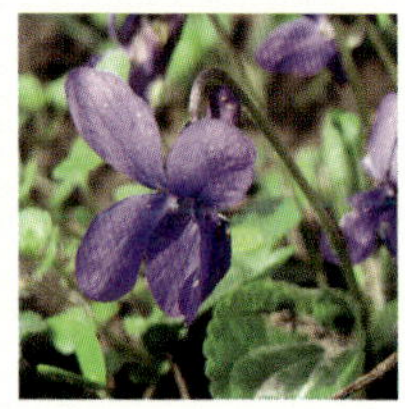

Varias de las flores del prado recuerdan ligeramente a las de la violeta (*Viola odorata*).
Foto: AnRo0002

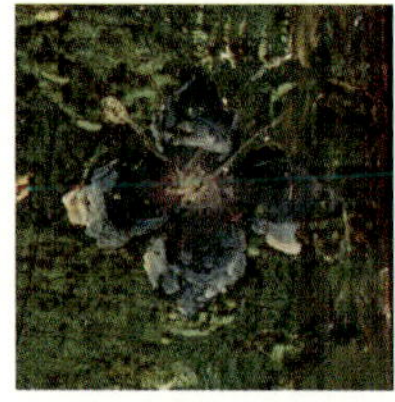
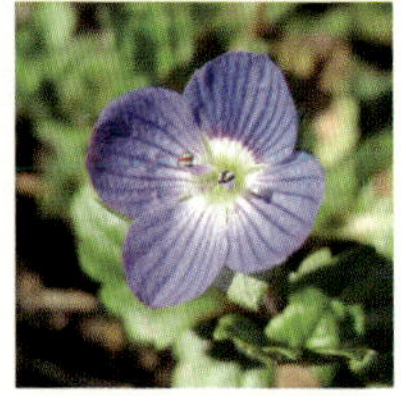

La verónica (*Veronica persica*) guarda bastante similitud con esta pintada por Rodrigo de Sajonia, pero su tamaño en la obra es mayor que en la naturaleza, como en el caso de muchas de las otras flores dibujadas en esta pradera.
Foto: AnRo0002

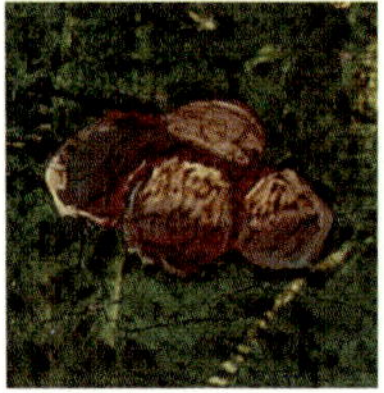
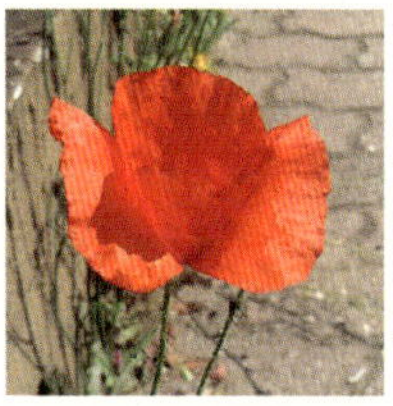

La amapola (*Papaver rhoeas*) es una de las flores de color rojo más habituales de los campos en Europa.
Foto: AnRo0002

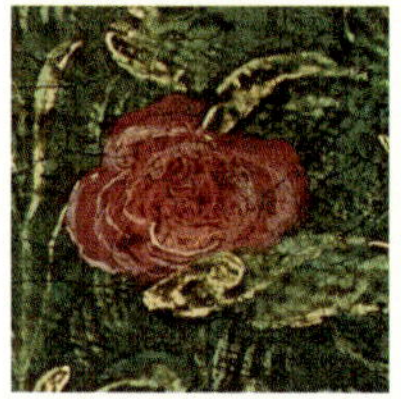

Aunque con unos pétalos que se organizan de una forma muy similar a los de una rosa (*Rosa* cv.), la planta también guarda una ligera similitud con la amapola (*Papaver rhoeas*).
Foto: Dominio público

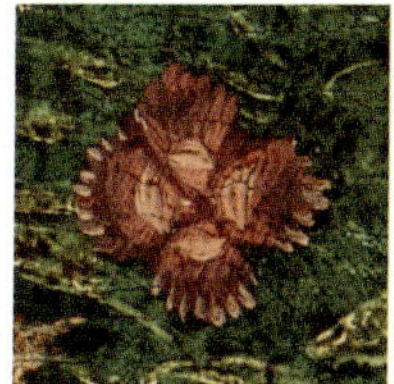
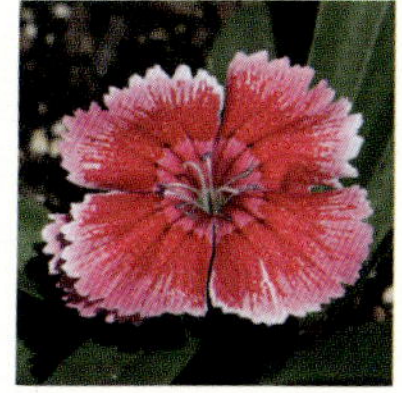

Parece que el clavel (*Dianthus* sp.) puede ser el modelo de esta flor aislada, sin más anatomía de hoja o tallos realistas que la acompañe.
Foto: Jim, the Photographer

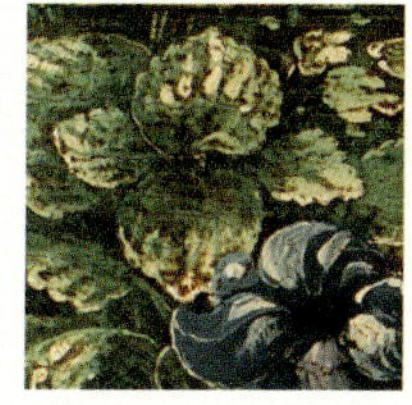
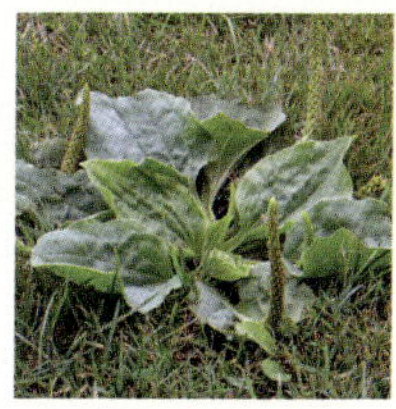

El llantén mayor (*Plantago major*) muestra unos nervios paralelos en las hojas muy marcados y característicos de esta especie.
Foto: Lawn Weeds

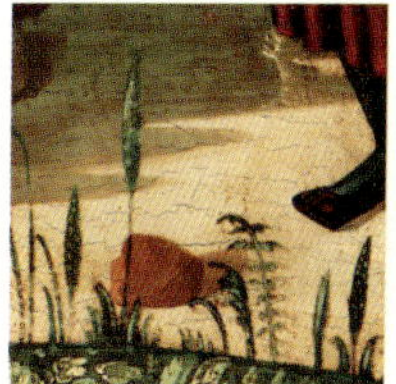
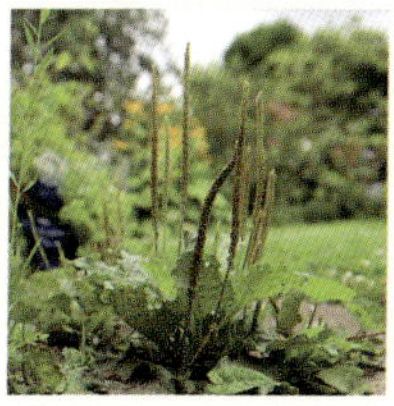

La inflorescencia estilizada del llantén mayor (*Plantago major*) vuelve a aparecer aquí, como en la tabla del *Abrazo ante la Puerta Dorada* (ver p. 39).
Foto: Donald Hobern

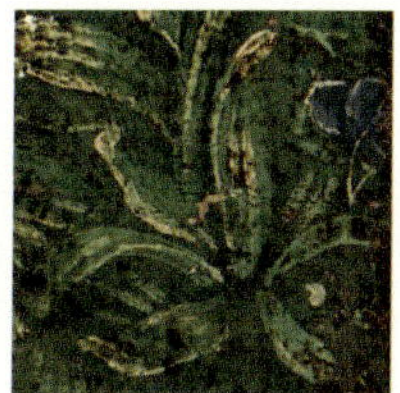
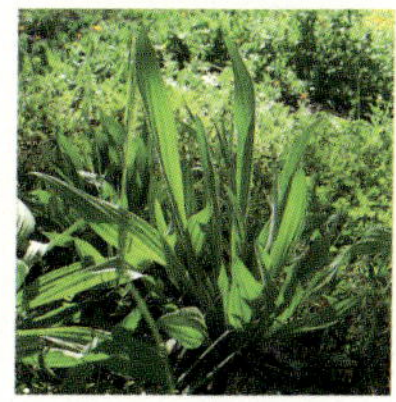

El llantén menor (*Plantago lanceolata*) es una planta muy común en las obras góticas y renacentistas, ya que está relacionada con la Pasión de Cristo.
Foto: Eugene Zelenko

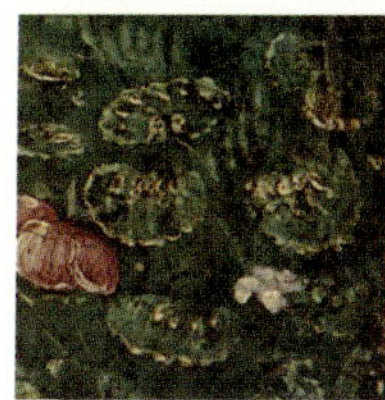
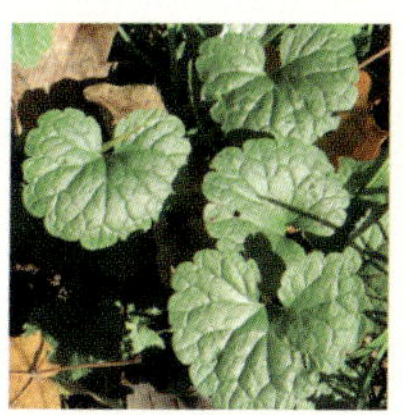

El borde crenado, como de una galleta, y la entalladura de la base de una de las hojas pintadas remiten a una planta tapizante muy habitual de bosques húmedos: la hiedra terrestre (*Glechoma hederacea*).
Foto: AnRo0002

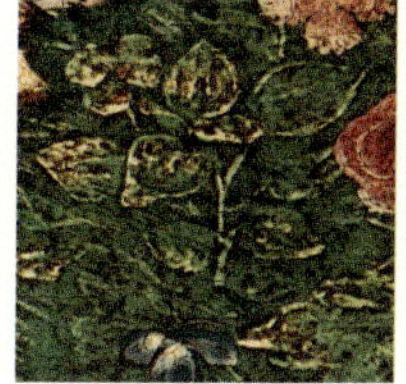
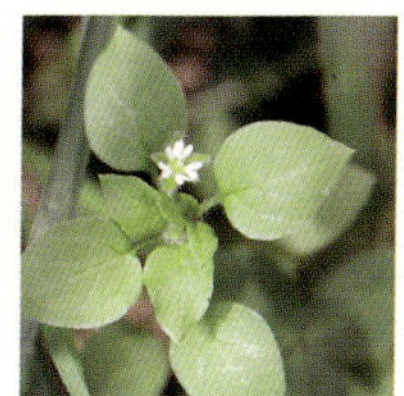

La pamplina (*Stellaria media*) es una hierba que crece de manera ubicua por todo el continente europeo.
Foto: Joe Dillon

Retablo de la Inmaculada Concepción

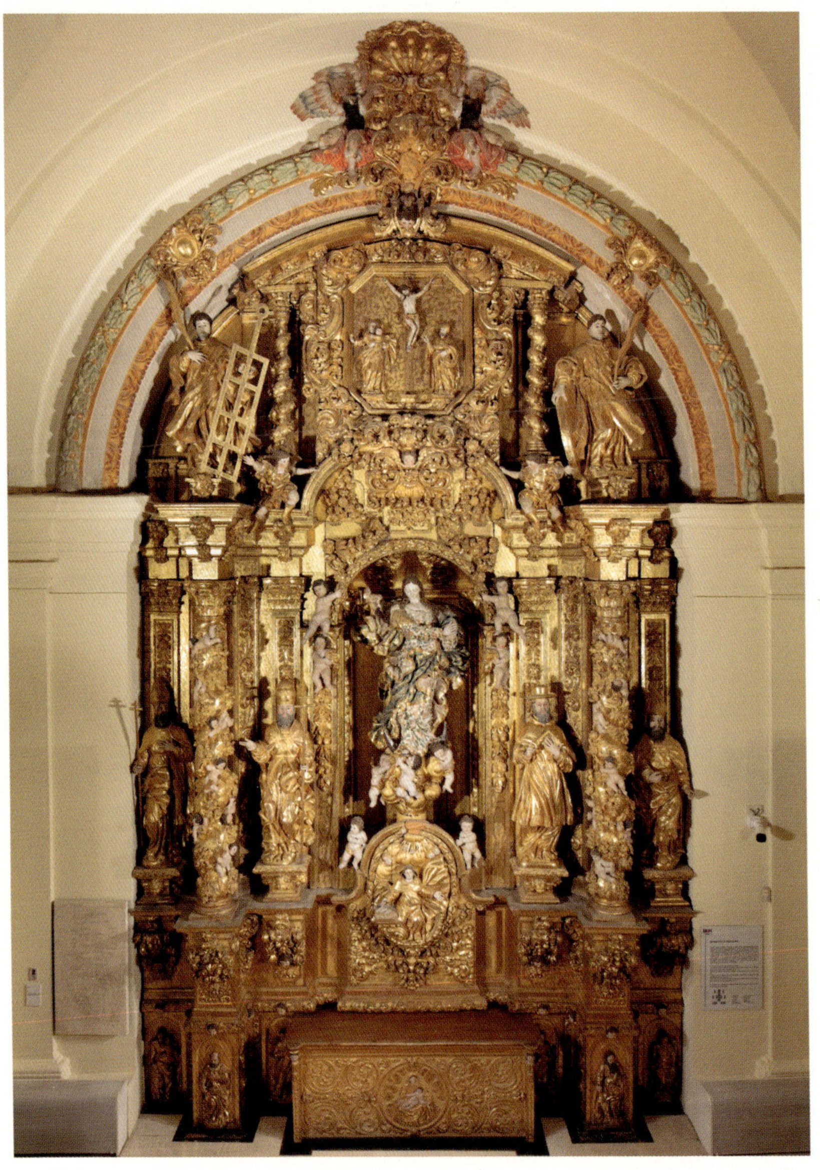

◄ *Retablo de la Inmaculada Concepción*
Tomás Vicién
1719
Madera tallada, dorada y policromada
NIG 11566

Los retablos son, en muchas ocasiones, jardines ocultos. Si se observan detenidamente, se verá aparecer ante sí una infinidad de plantas, como en este retablo barroco. En estas grandes creaciones también muchos de sus motivos ornamentales más elaborados tienen un origen botánico, como en el caso de las hojas de acanto, presentes hasta en el más mínimo e insospechado rincón.

Ático

En el ático de este retablo se pueden ver las figuras de San Lorenzo y de San Vicente portando sendas hojas de **palmera datilera** (*Phoenix dactylifera*), de estilo muy realista.

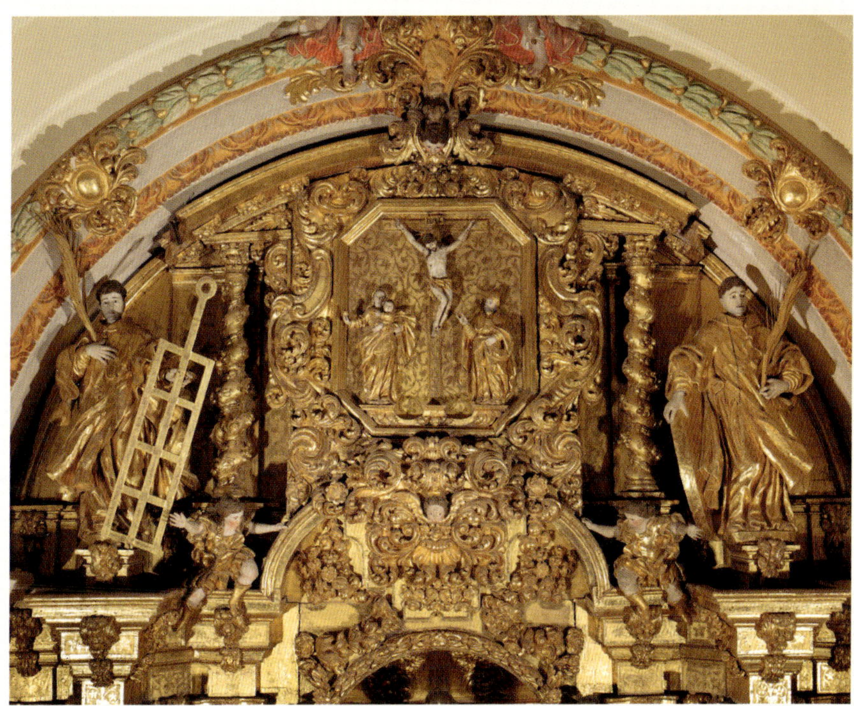

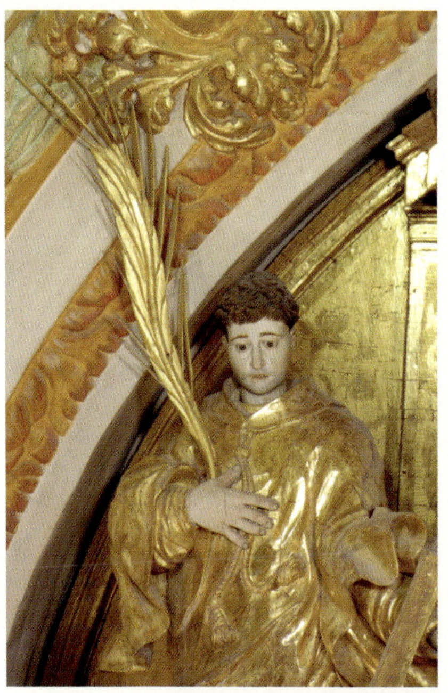

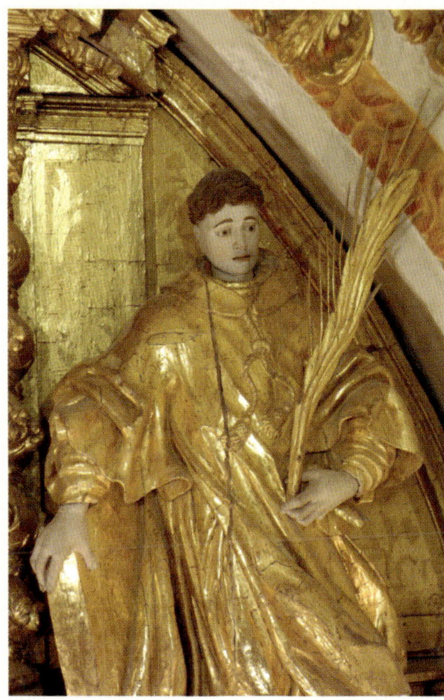

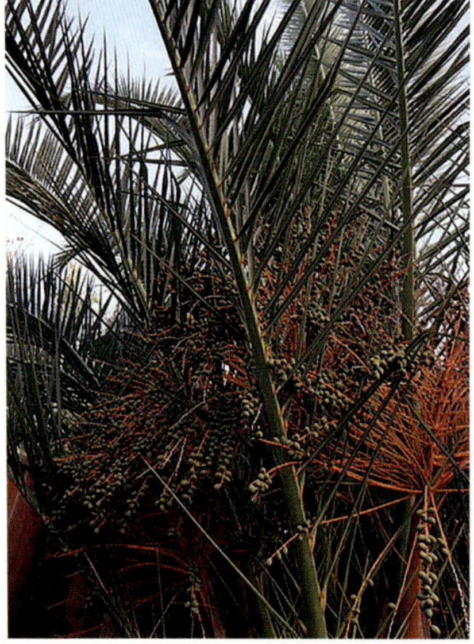

La palma es el símbolo del martirio sufrido por la persona que la porta. Ya en las catacumbas romanas, las sepulturas de los mártires cristianos asesinados por el ejército romano eran adornadas con hojas de palma, para dejar clara la causa de la muerte.

Hojas de palmera datilera
Foto: Fastily

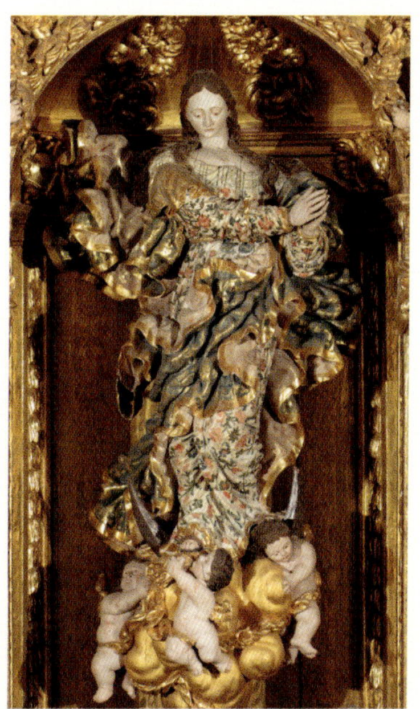

Cuerpo

Las flores de las **anémonas** (*Anemone coronaria* cv.) sirvieron de modelo en muchas decoraciones de retablos en el Barroco. La singularidad de sus formas, unida a sus colores, es la causa de esa popularidad. En este retablo se encuentran tanto talladas en madera —especialmente en las columnas salomónicas entre los santos— como pintadas en el vestido de la talla de la Virgen.

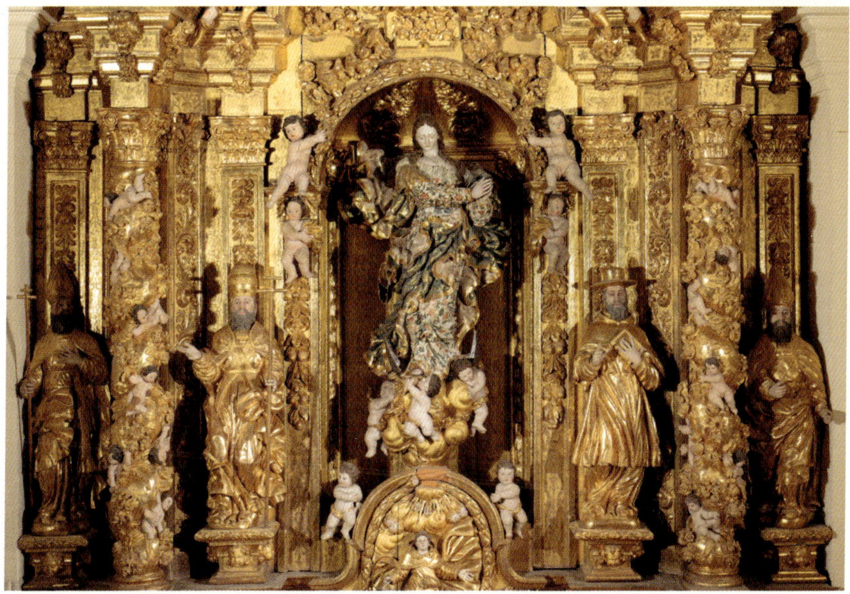

Según la mitología griega, las **anémonas rojas** nacieron de las gotas de sangre de Adonis, herido de muerte por un jabalí. Este origen simbólico funerario también se acabaría asociando con la sangre vertida por Cristo en la Cruz. En el manto de la Virgen hay muchas anémonas junto con flores de otras especies de vivos colores habituales del Barroco. En varias ocasiones, aparecen con tonalidades fantasiosas.

Anémona de flor doble
Foto: Wellcome Museum and Library

Distintas anémonas talladas o pintadas, algunas con colores no del todo realistas

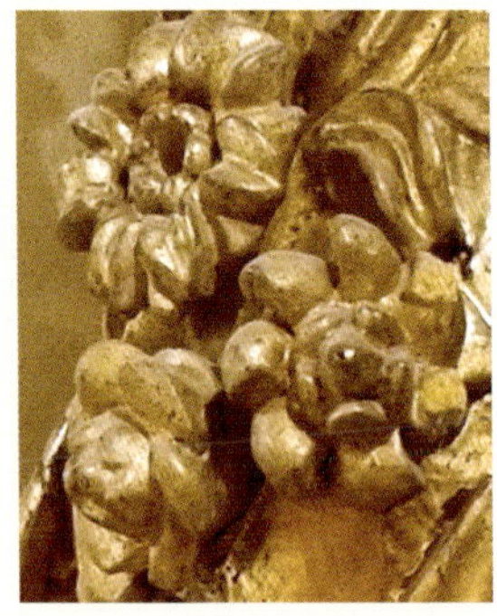

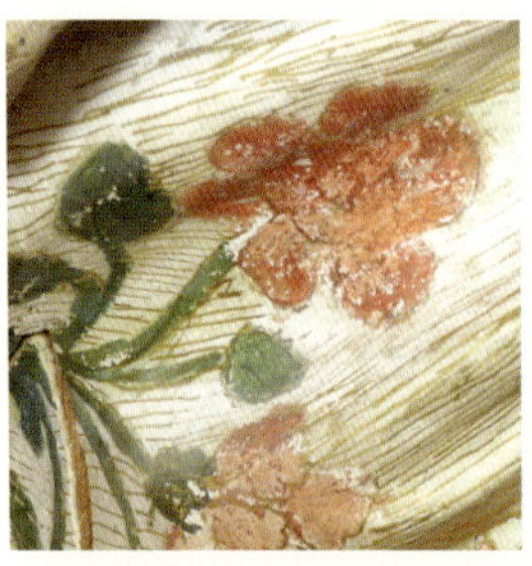

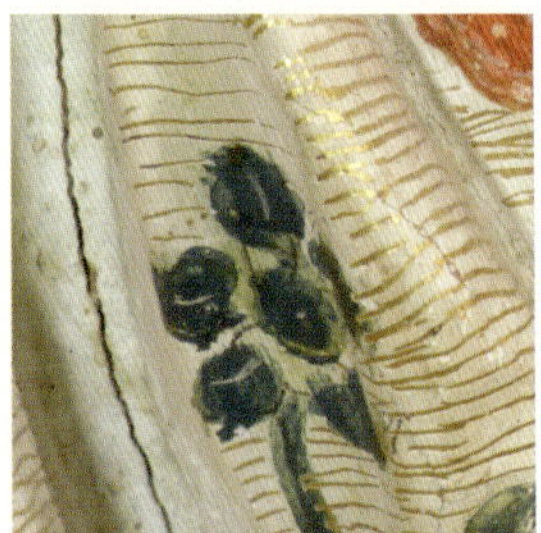

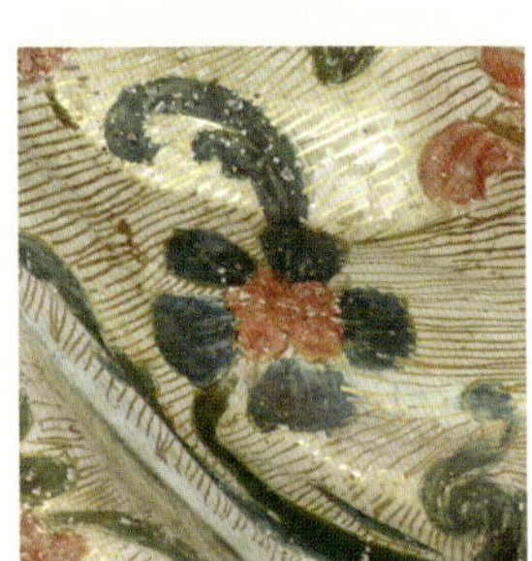

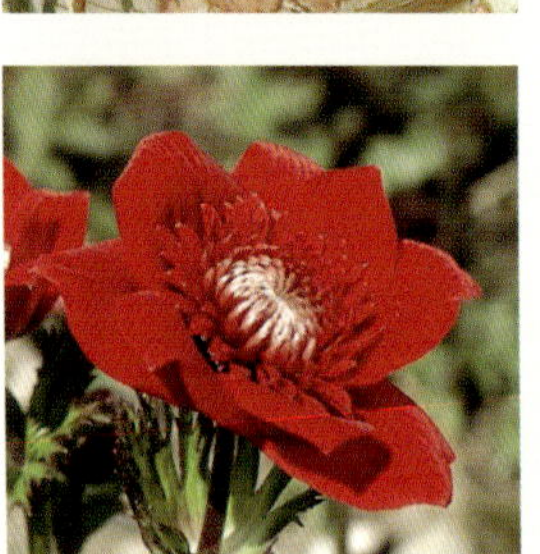

Anémona roja de flor doble
Foto: Uncle Carl

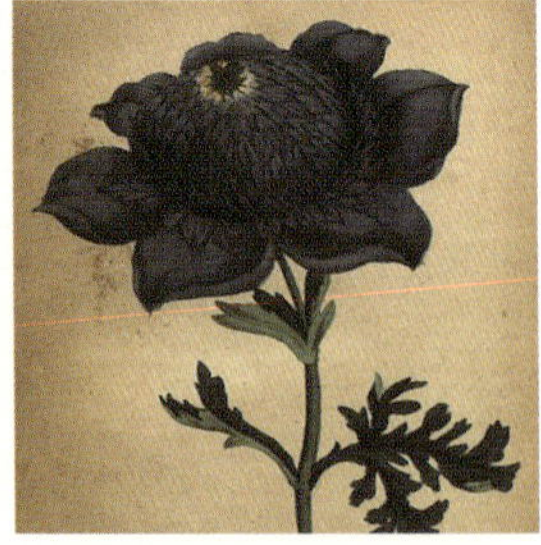

Anémona azul de flor doble
Foto: BioDivLibrary

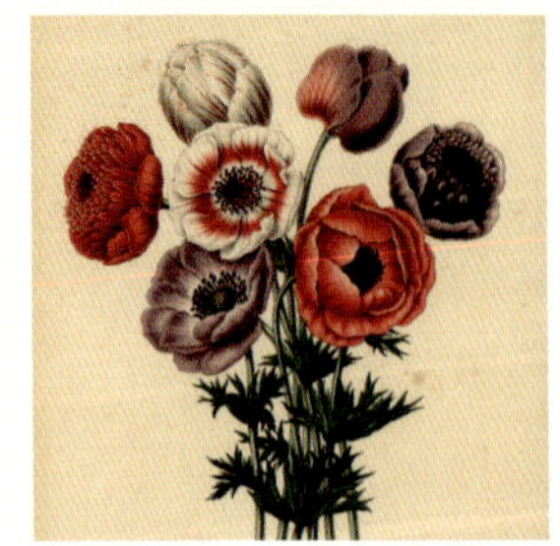

Diversas anémonas de colores
Foto: Dominio público

En el ropaje de la Virgen también encontramos flores tan asociadas a María como las **rosas** (*Rosa* var.) o el **clavel** (*Dianthus caryophyllus*). Este último es, de nuevo, un símbolo de la sangre vertida por su hijo Jesús en la Cruz. El **narciso** (*Narcissus pseudonarcissus*) es otra flor que no es raro encontrar en retablos barrocos. Asimismo, es curioso ver pintado el **tulipán** (*Tulipa* cv.), una de las flores de más éxito en los jardines de los siglos XVII y XVIII.

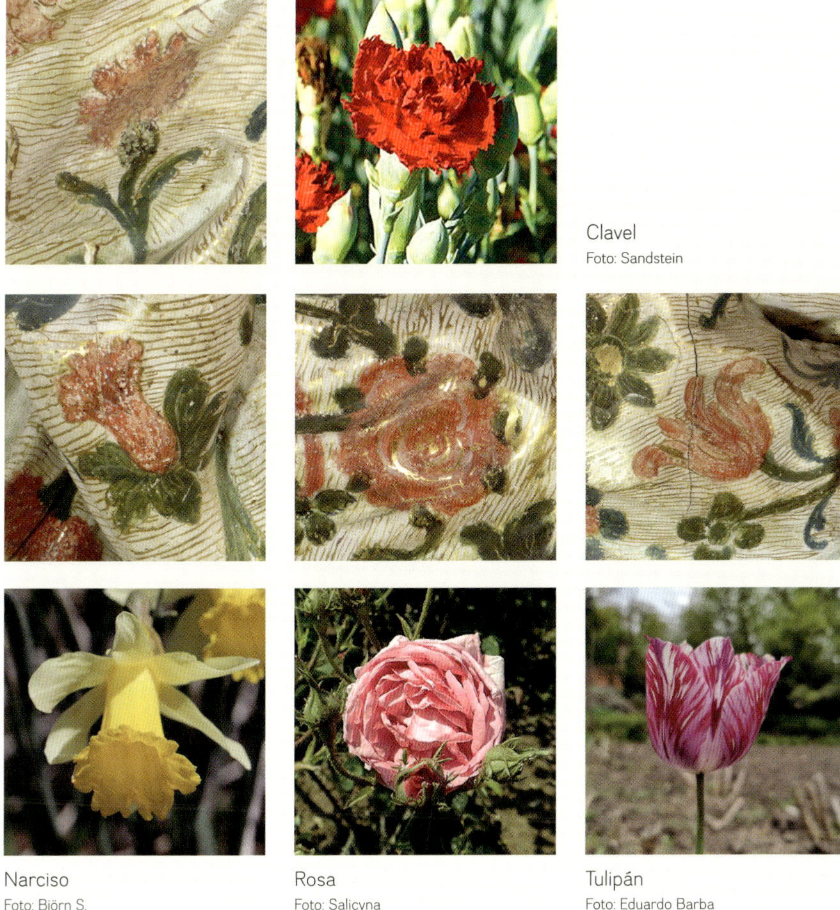

Clavel
Foto: Sandstein

Narciso
Foto: Björn S.

Rosa
Foto: Salicyna

Tulipán
Foto: Eduardo Barba

Banco

En el banco destaca la abundante presencia botánica de las hojas de **acanto** (*Acanthus mollis*), que se enrosca en mil y una posiciones creando un dinamismo y un movimiento muy barroco. Si miramos con atención, veremos que las hojas de acanto también se encuentran dibujadas incisas en el pan de oro. Le acompañan algunas **rosas de mayo** (*Rosa* x *centifolia*). También es notable la orla que rodea la escena de Santo Tomás en éxtasis, compuesta de hojas de **laurel** (*Laurus nobilis*) muy esquematizadas.

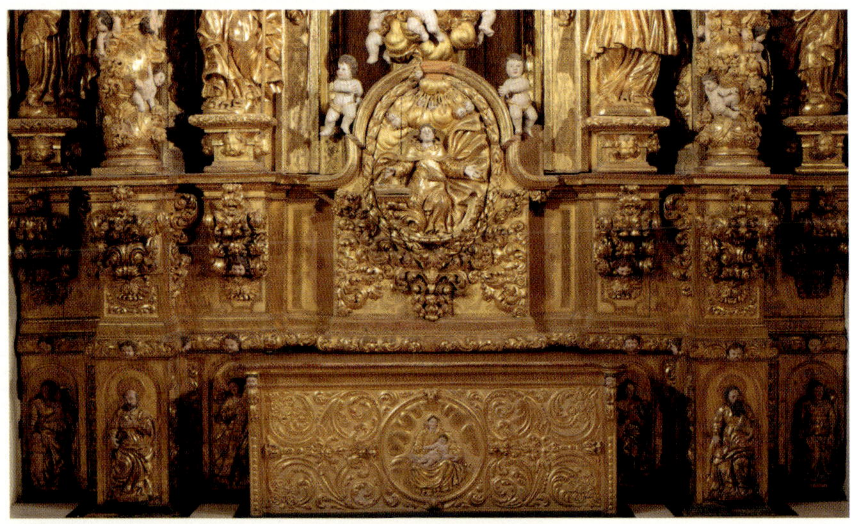

Acanto
Foto: Dinkum

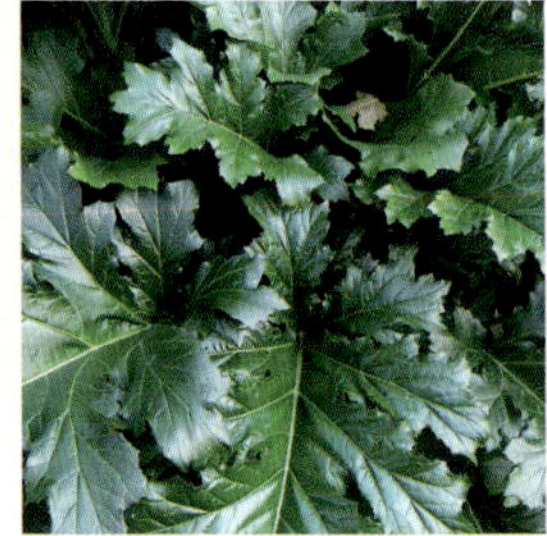

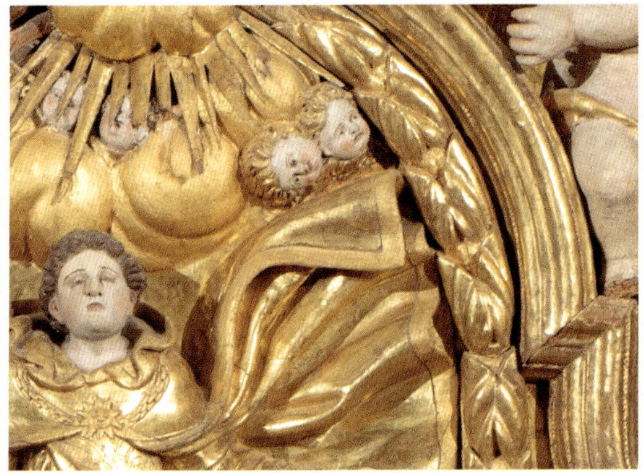

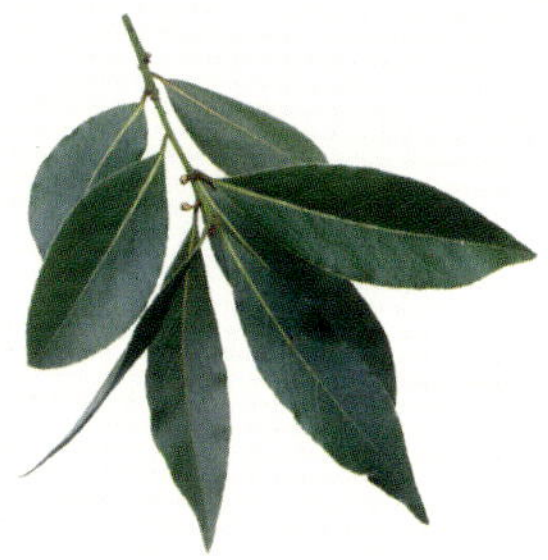

Laurel
Foto: Andrikkos

Sotabanco y Altar (*Antipendium*)

De nuevo, las decoraciones del altar están dominadas por las hojas enroscadas del **acanto** (*Acanthus mollis*), que hacen juego con el banco y crean unos bellos roleos vegetales de variadas formas.

En las cuatro esquinas del frontal asoman cinco **rosas de mayo** (*Rosa* x *centifolia*), que con sus colores rosados y rojizos son un símbolo de las cinco heridas que infirieron a Jesús en la Cruz: las de las manos, las de los pies y la del costado. Esta rosa, de aroma dulce y profundo, era una de las más cultivadas en los jardines. Florecía una sola vez al año, en el entorno de mayo, de ahí su nombre popular. También se le llamaba rosa repollo, por su forma parecida a la de aquel vegetal comestible.

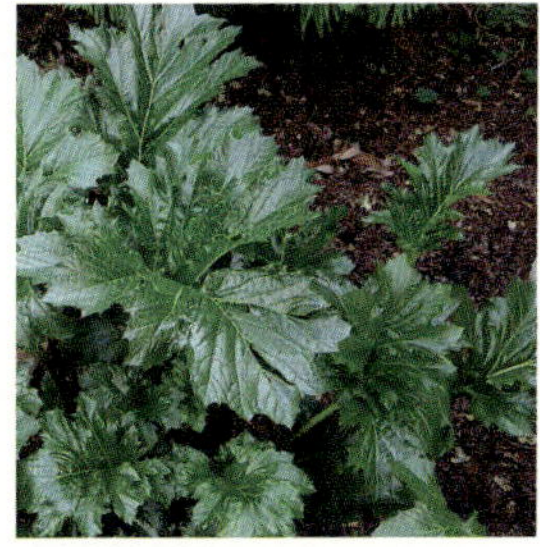

Hojas de acanto
Foto: James Steakley

Rosa de mayo
Foto: Cillas

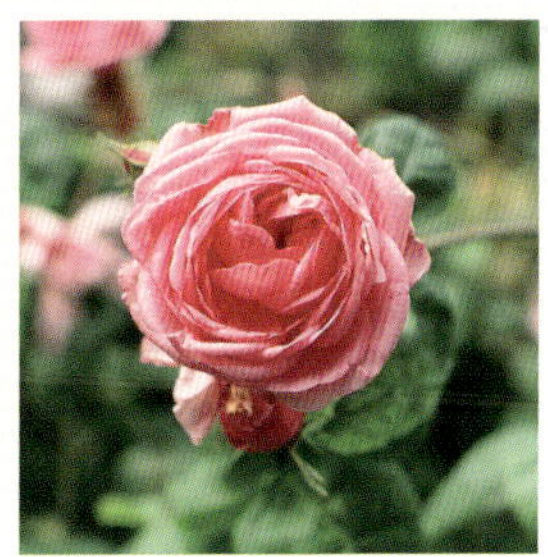

Predela de Santa Catalina, la Virgen, Cristo de la Piedad, San Juan y Santa Lucía

El **tronco seco y cortado** simboliza la esperanza en la Resurrección, la posibilidad de que ese árbol rebrote y vuelva a la vida, por lo que aparece en multitud de pinturas religiosas donde se ve a Cristo sufriendo su calvario. En esta obra ese mensaje se ve reforzado por la proximidad visual del tronco a Jesús, que incluso toca su nimbo dorado.

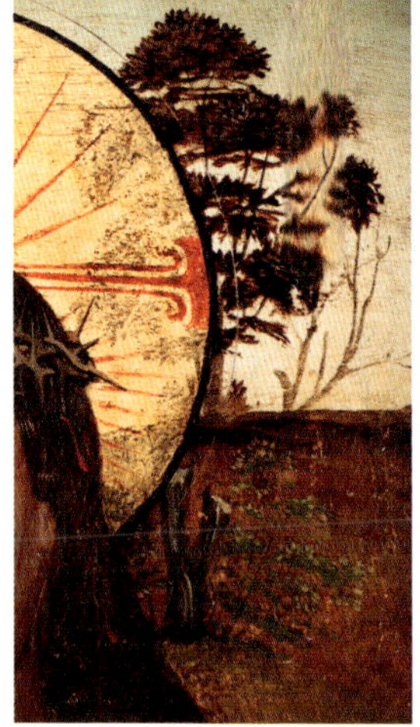

Santa Catalina, la Virgen, Cristo de la Piedad, San Juan y Santa Lucía
Círculo de Bartolomé Bermejo
1475-1490 [ca]
Óleo sobre tabla
NIG 00017

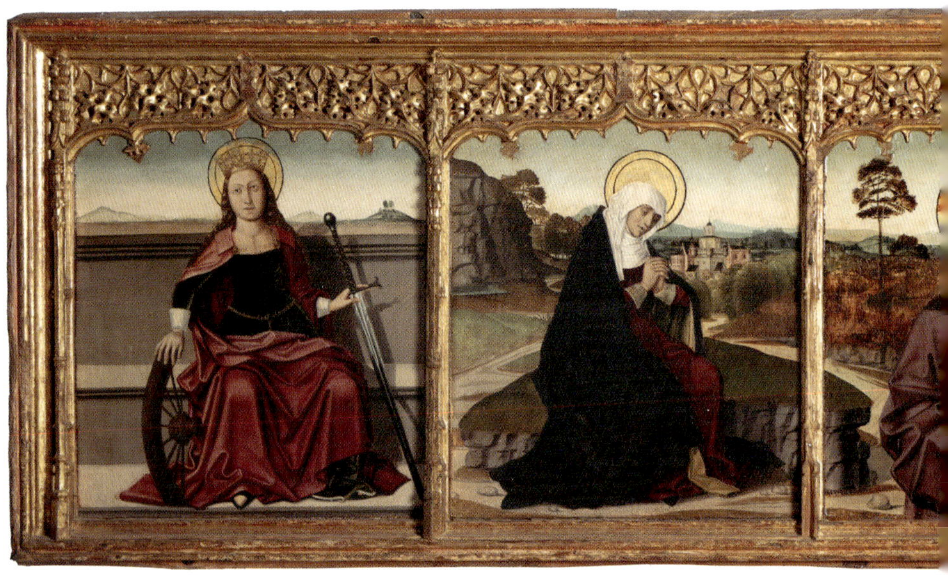

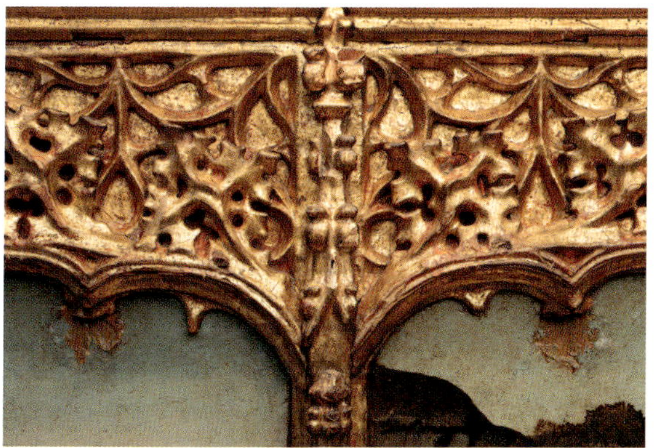

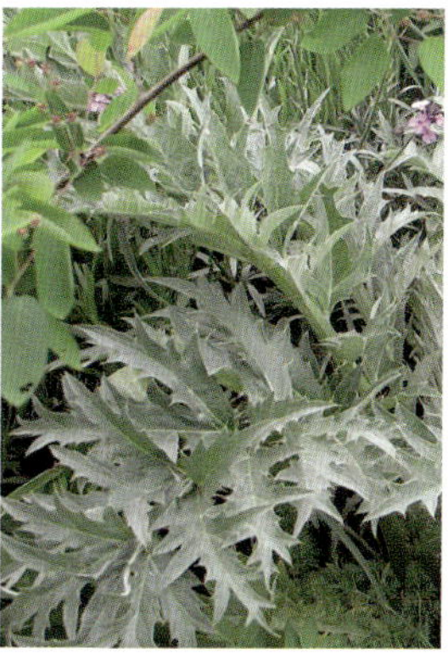

En la tracería gótica de esta predela están esculpidas hojas de cardo doradas, un símbolo de la Pasión de Cristo y de la corona de espinas con la que sufrió otra de sus torturas.

Hojas de cardo
Foto: Peganum

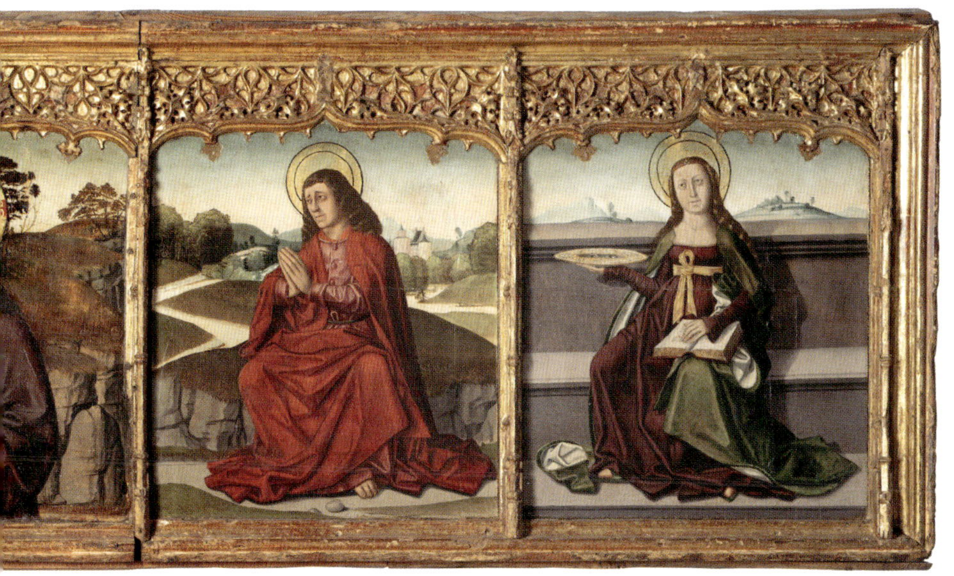

Tríptico de la Virgen de la Rosa

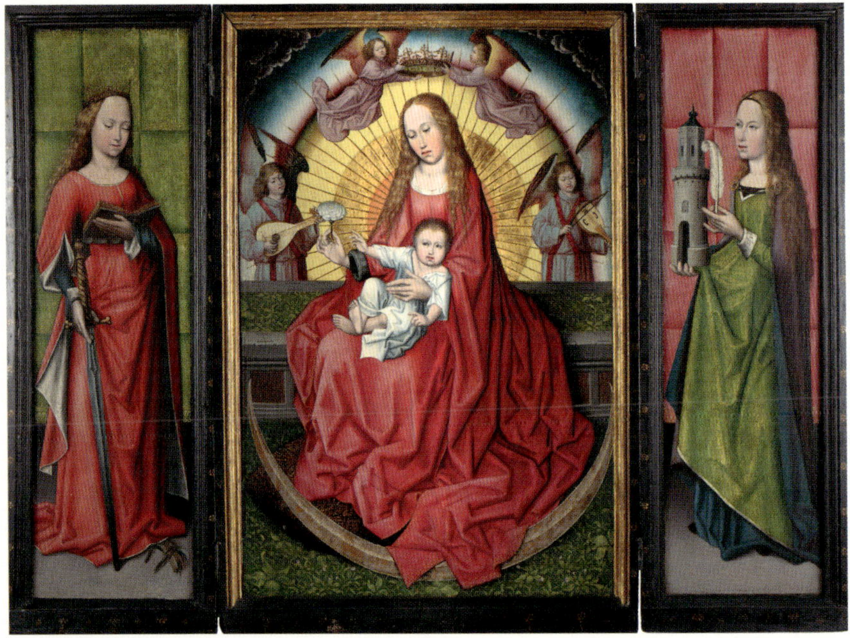

Tríptico de la Virgen de la Rosa
Seguidor de Robert Campin
1450 [ca.]
Óleo sobre tabla
NIG 00052

En este tríptico hay un detalle jardinero muy bello. Se trata de una estructura que domina el jardín en el que está sentada la Virgen con su hijo en el regazo: es un **banco encespedado**. Este de la pintura está construido con piedras —las de arriba, convenientemente fijadas entre sí con grapas de plomo—, pero también podía construirse de ladrillos o simplemente de tierra apisonada. En su parte superior se plantaba con especies herbáceas, incluso hierbas aromáticas como la **manzanilla** (*Chamaemelum nobile*), para procurar una fragancia delicada a quienes se sentaran en el banco.

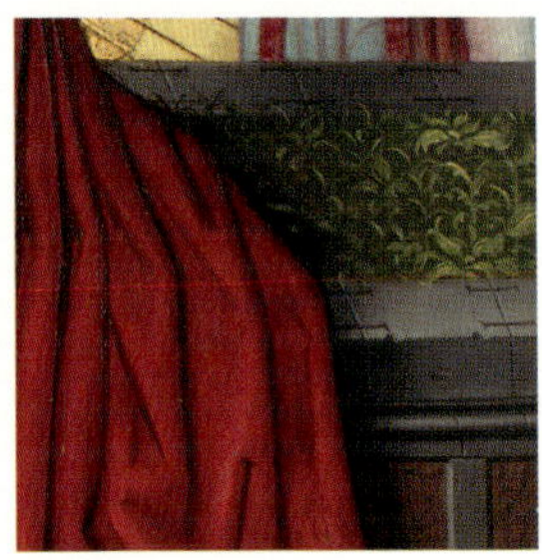

Banco encespedado

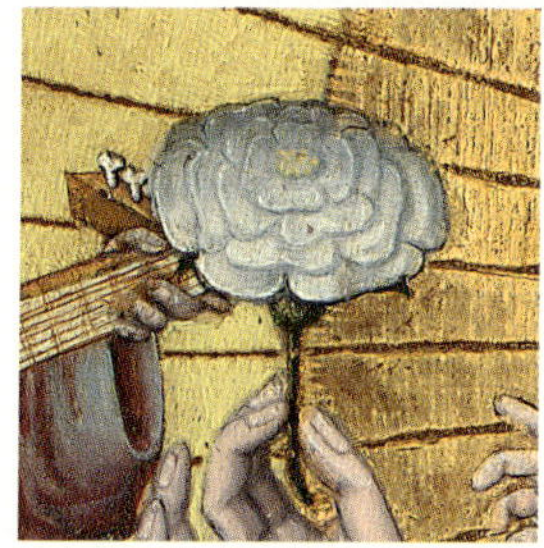

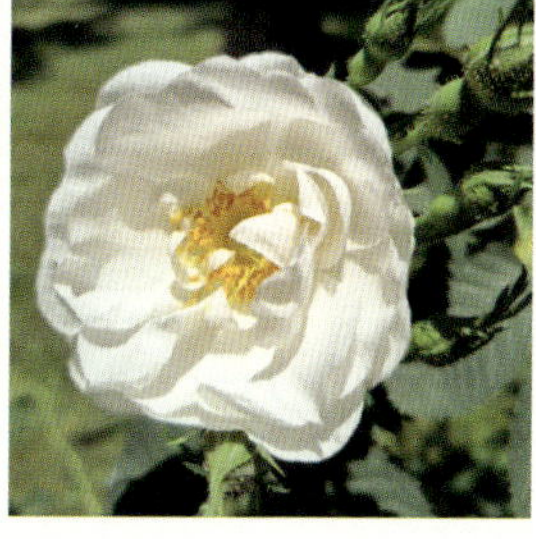

Rosa alba
Foto: Eduardo Barba

La flor que más destaca en esta obra, por su posición y tamaño, es la **rosa alba** (*Rosa* x *alba* 'Semiplena'), que se cultivaba, como mínimo, desde antes del año 1500. Es poseedora de un aroma muy rico en matices y muy potente. Con su color blanco, símbolo de pureza, y sus espinas, que anticipan el martirio que sufrirá Jesús en su vida adulta, condensa en su figura el mensaje de la tabla.

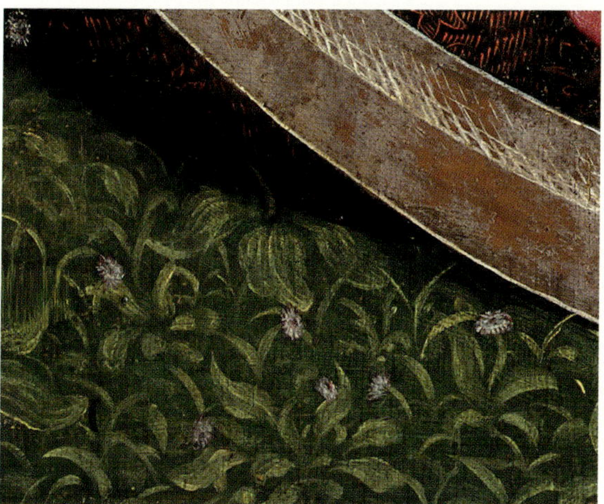

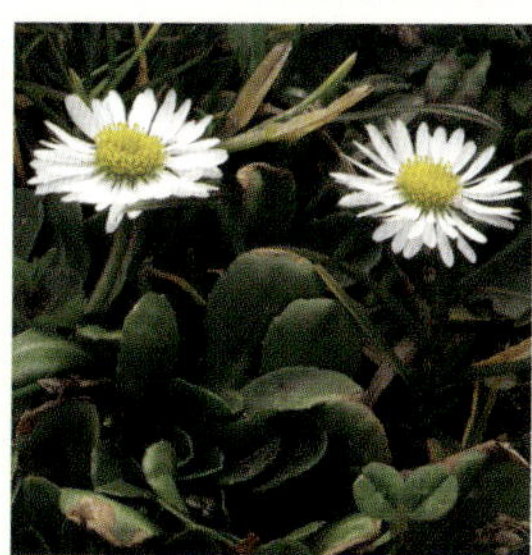

Margarita
Foto: Robert Flogaus-Faust

A los pies del banco encespedado crecen las gramíneas —con sus hojas lineares— y varias herbáceas, con dos especies concretas: la **margarita** (*Bellis perennis*), también llamada chirivita, bellorita o maya, y el **llantén mayor** (*Plantago major*), con sus característicos nervios casi paralelos en las hojas. La margarita es un símbolo de resurrección, al ser una planta que se anticipa a la primavera con sus flores. De la misma forma, también simboliza la inocencia del Niño Jesús.

Por el contrario, del llantén mayor se decía que nace en los sitios donde una persona santa hubiera pisado, además de representar la humildad de la Virgen y la salvación del alma. Así que no es casual la presencia de estas dos especies en la tabla central.

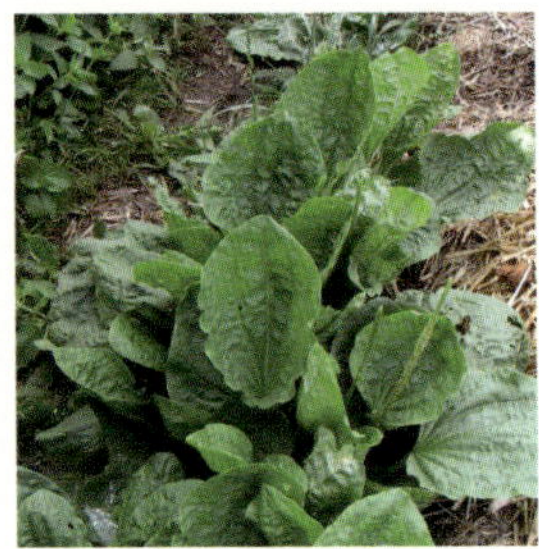

Llantén mayor / Foto: Rasbak

Asimismo, es destacable la decoración bordada del cojín sobre el que reposan los pies de María, hecha con las flores de **cardo** (*Cynara cardunculus / Cirsium vulgare*), símbolo de la Pasión de Cristo.

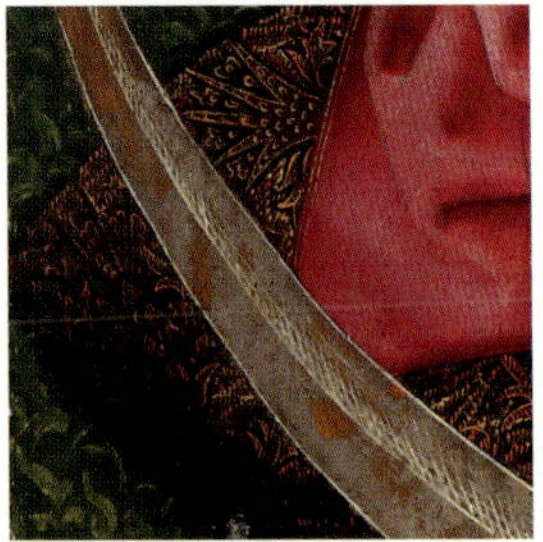

Flores de cardo bordadas en el cojín

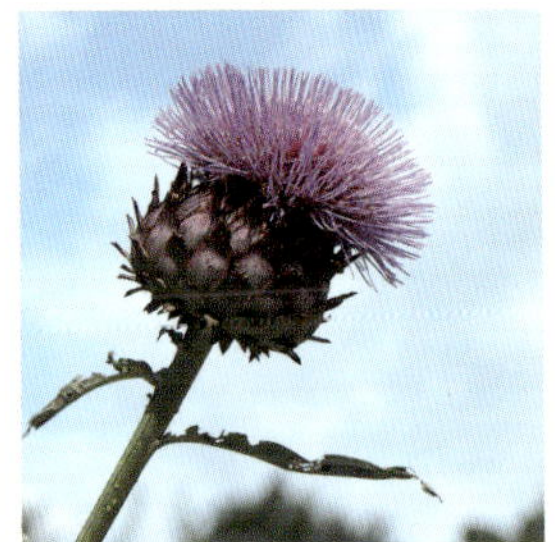

Flor de cardo
Foto: Dominicus Johannes Bergsma

Tampoco podemos olvidar la sucesión de flores de **clavel** (*Dianthus* sp.) que adorna el marco de cada tabla, que representa uno de los atributos de la Virgen y del amor divino, aparte de su connotación de la sangre vertida por Cristo. Junto al clavel vuelven a aparecer **margaritas** en la parte baja del marco que pueden tomar como modelo a la especie ya vista (*Bellis perennis*) o a cualquier otra de las margaritas europeas.

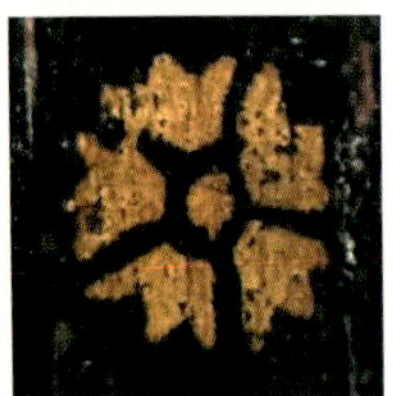

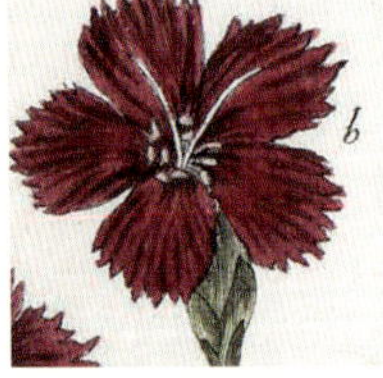

Clavel
Foto: Harvard University Botany Libraries

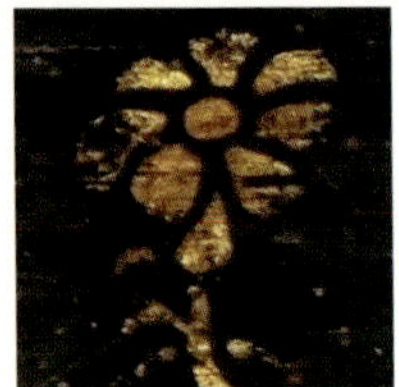

Margarita
Foto: Pro2

Este tríptico guarda algunos secretos botánicos más, como el roleo vegetal bordado en el manto de la Virgen, dibujado con la mayor de las delicadezas. Igualmente, un diseño muy similar se observa en las dos coronas pintadas, así como una pequeña *flor de lis* en el laúd de uno de los ángeles músicos.

Roleo vegetal en el manto de la Virgen.

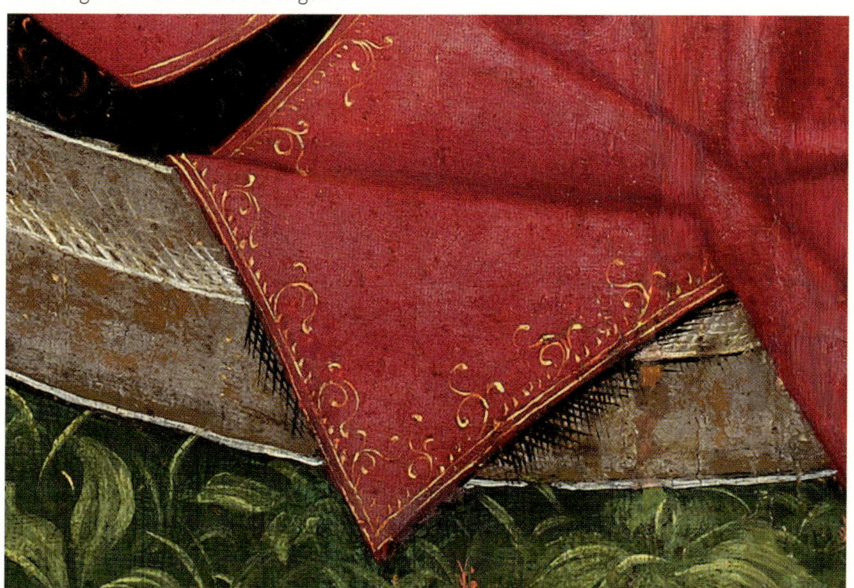

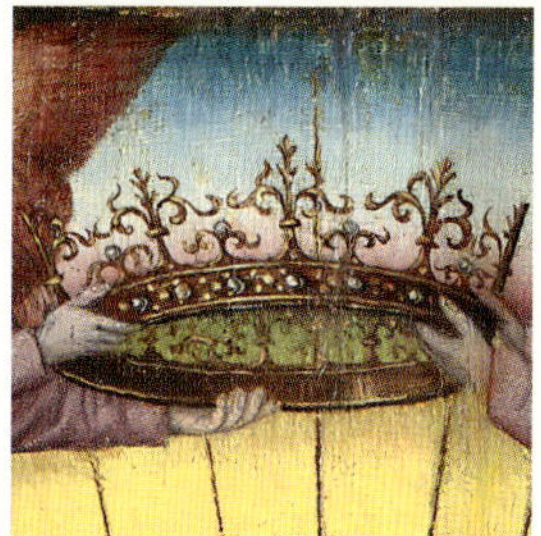

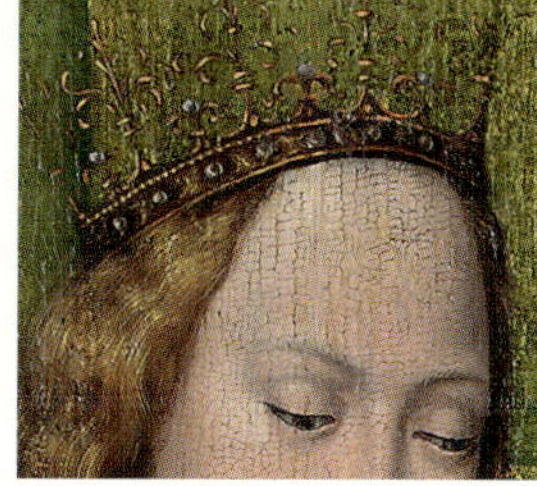

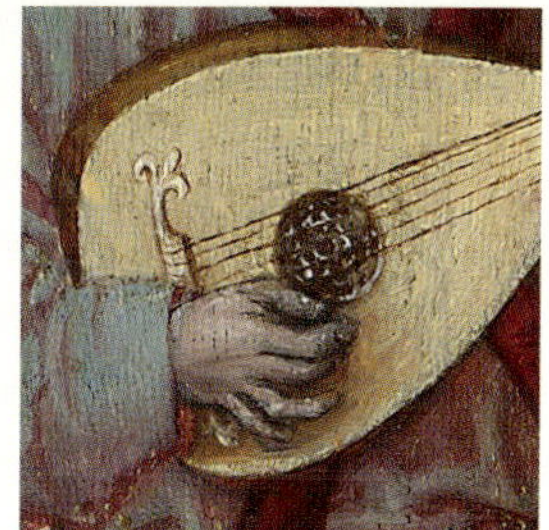

Palmetas vegetales en las coronas con formas similares a las de los roleos del manto de la Virgen.

Detalle botánico en el laúd, con forma de *flor de lis*.

Predela de San Damián, Santa Quiteria, Jesús Varón de los Dolores, Santa María Magdalena y San Cosme

La **corona de espinas** es uno de los objetos botánicos más repetidos en las obras de arte de carácter religioso, y que cada artista interpreta a su manera: de ramas más o menos gruesas, con más o menos espinas... Varias especies de plantas que crecen en Oriente se disputan el dudoso honor de ser la elegida para el martirio de Cristo, sin que haya quedado constancia de cuál de ellas pudo ser utilizada para tal fin. Alguna de ellas lleva incluido en su nombre —tanto popular como científico— la probabilidad de su uso, como ocurre con la **espina santa** (*Paliurus spina-christi*).

San Damián, Santa Quiteria, Jesús Varón de los Dolores, Santa María Magdalena y San Cosme
Taller de Martín Bernat
(colaboración de Miguel Ximénez)
1470-1490 [ca.]
Temple sobre tabla
NIG 00010, 00011, 00012, 00014 y 00020

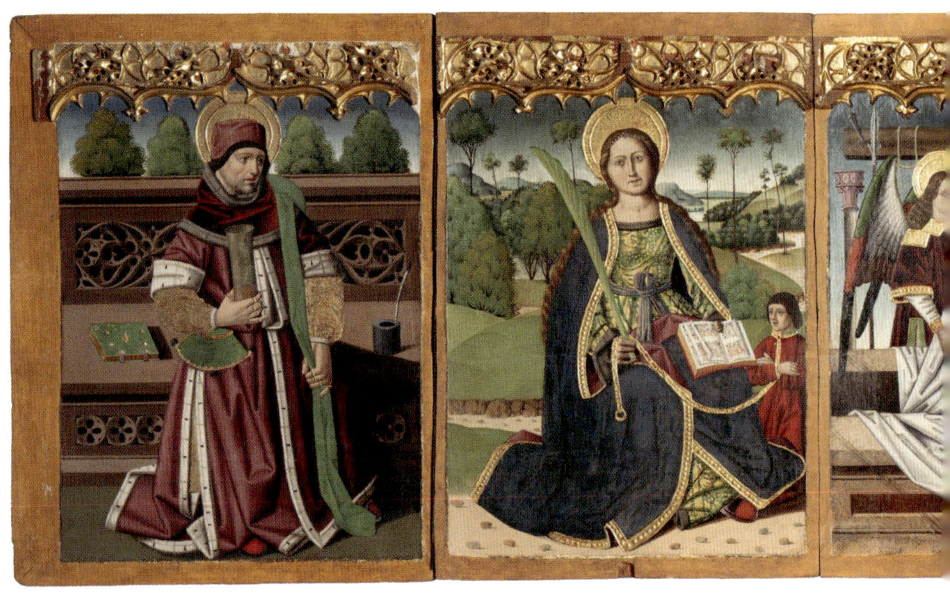

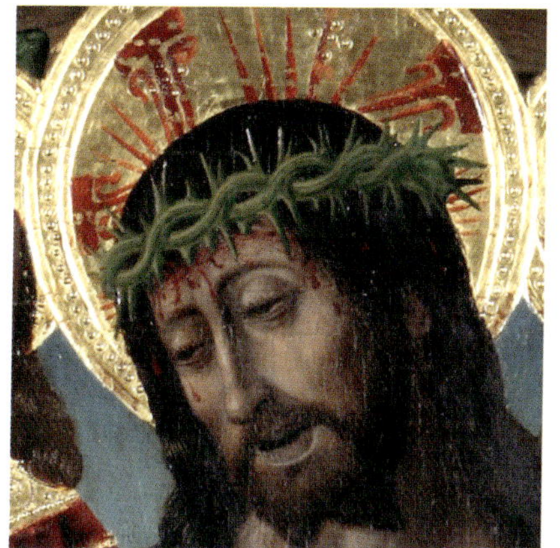

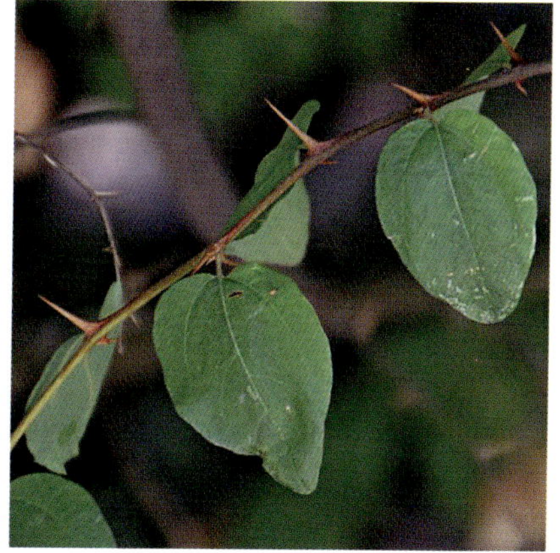

Rama de espina santa
Foto: Krzysztof Golik

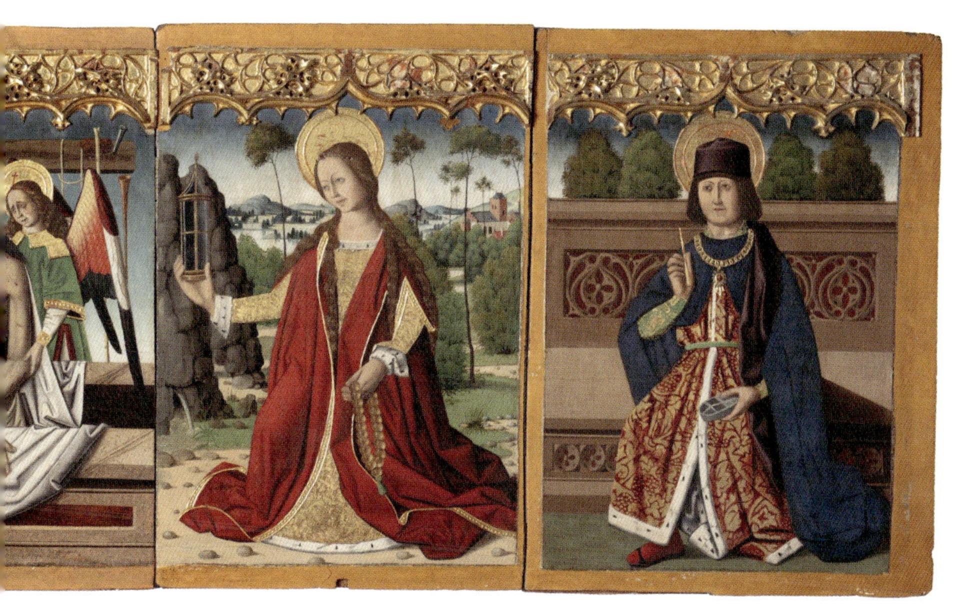

En esta predela también hay **hojas de cardos** en la tracería gótica, con el mismo simbolismo que en la predela del círculo de Bartolomé Bermejo (ver p. 57). Otra hoja muy destacada es la que sujeta en su mano Santa Quiteria: una palma de **palmera datilera** (*Phoenix dactylifera*).

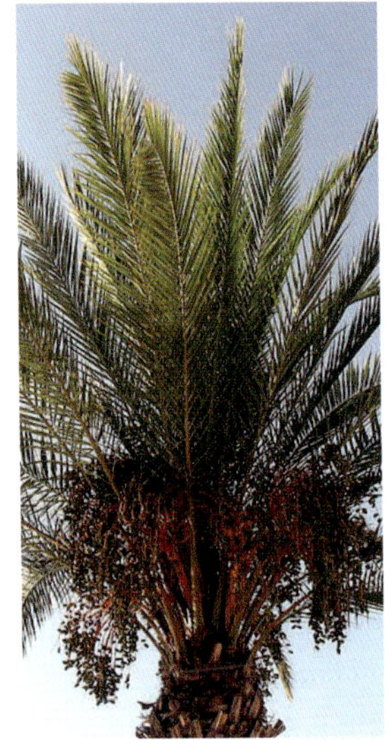

Hoja de palmera datilera
Foto: Glen Bowman

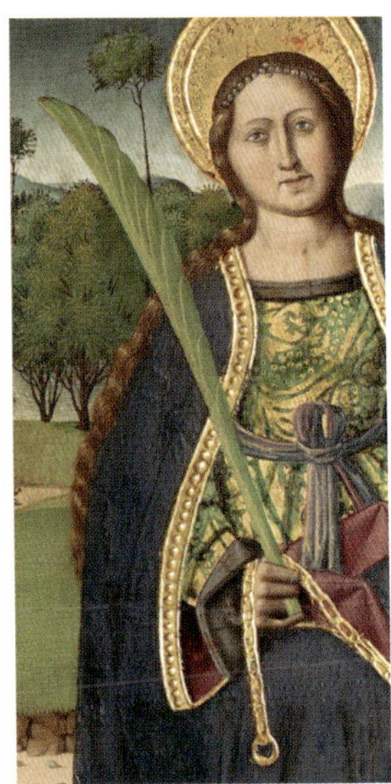

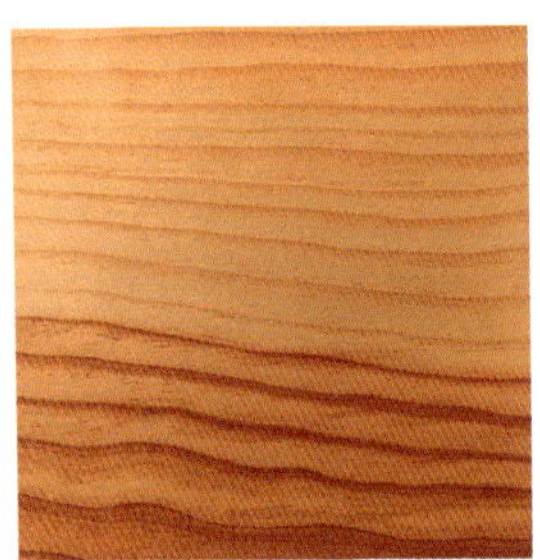

En esta obra hay un detalle muy realista: los anillos de crecimiento anual en el travesaño de la cruz. Se aprecia cómo ese travesaño está compuesto por dos listones de madera, cada uno de ellos con sus anillos concéntricos, que muestran la parte central de un tronco. Al ser casi simétricos, delatan que provienen del mismo árbol.

Anillos anuales de crecimiento en madera de pino
Foto: Philipp Zinger

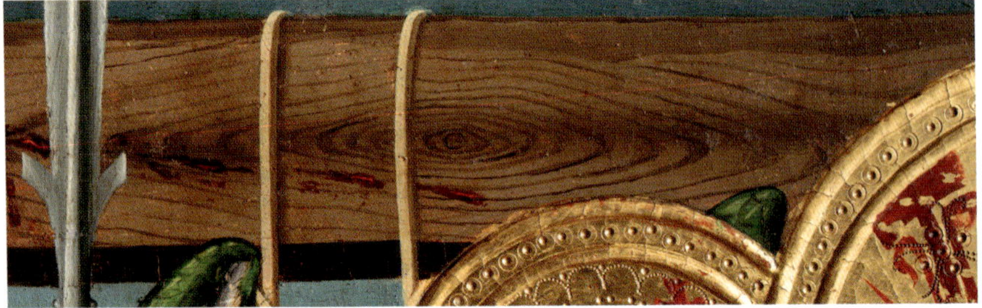

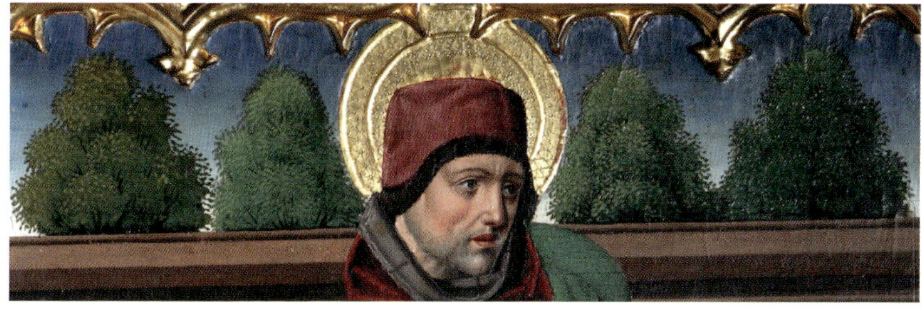

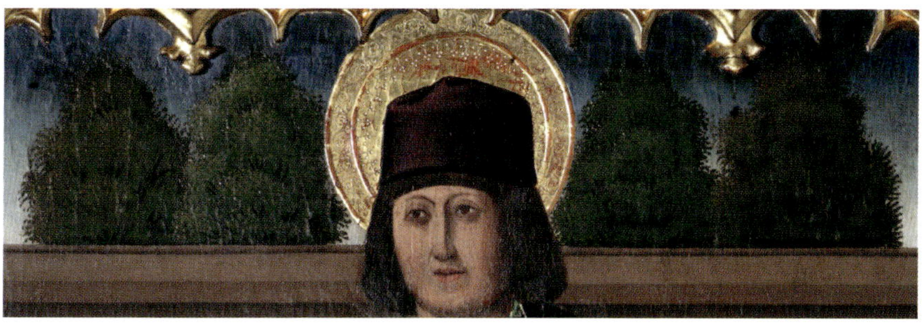

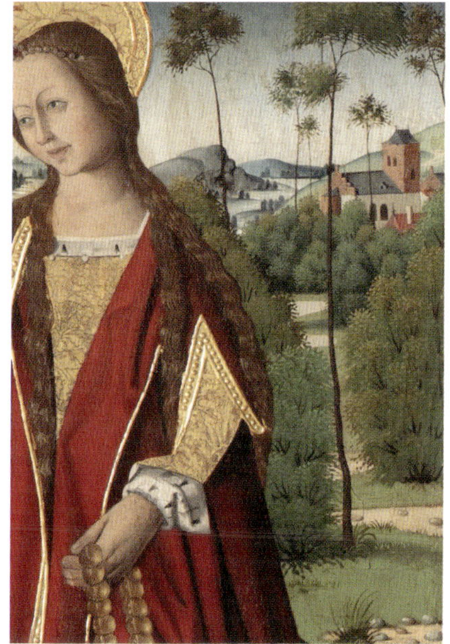

Arriba: fondos de árboles caducifolios

Izquierda: árboles y plantas herbáceas genéricas

Al igual que ocurre en el tapiz de Roda (p. 32 y ss.), como telón de fondo a los santos Damián y Cosme se ven varias copas de árboles, aportando profundidad y realismo a la composición.

Asimismo, el artista también ha incluido un paisaje de fondo para las santas Quiteria y María Magdalena. En ambas escenas, todos esos árboles no representan ninguna especie concreta, tratándose de una botánica genérica, al igual que ocurre con las plantas herbáceas.

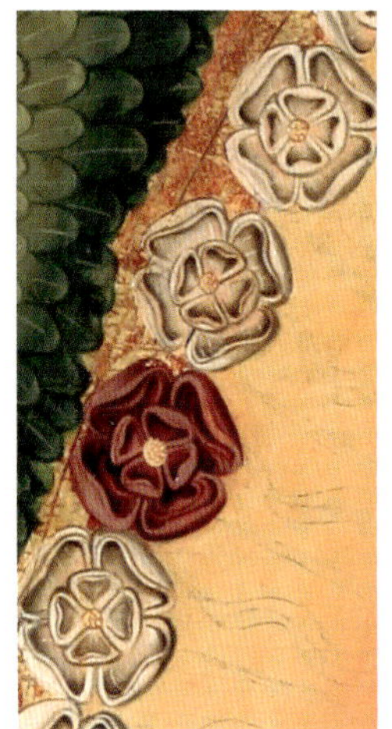

Nuestra Señora del Rosario

Un auténtico rosario rodea a la Virgen María coronada con el Niño Jesús entre sus manos. De hecho, la palabra rosario proviene del latín *rosarium*, que significa rosaleda. Las rosas rojizas son la **rosa de boticarios** (*Rosa gallica* 'Officinalis'), mientras que las blancas son la **rosa alba** (*Rosa* x *alba*), ambas extremadamente perfumadas.

Nuestra Señora del Rosario
Miguel Ximénez
1475-1500 [ca.]
Óleo sobre tabla
NIG 00005

Rosa alba
Foto: Eduardo Barba

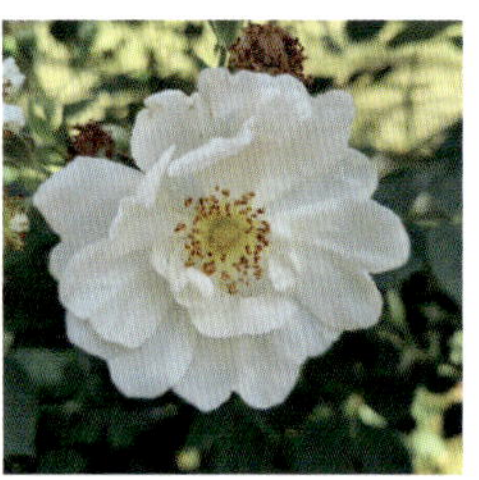

Rosa de boticarios
Foto: Stefan.lefnaer

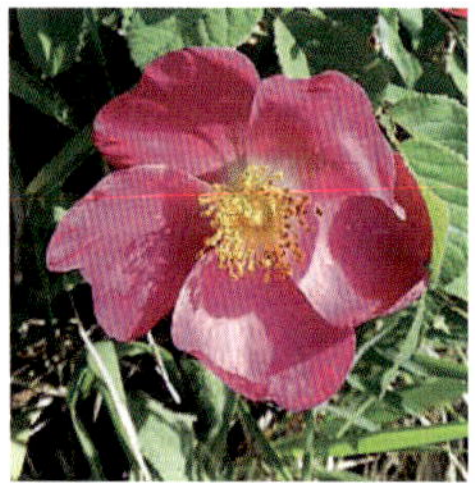

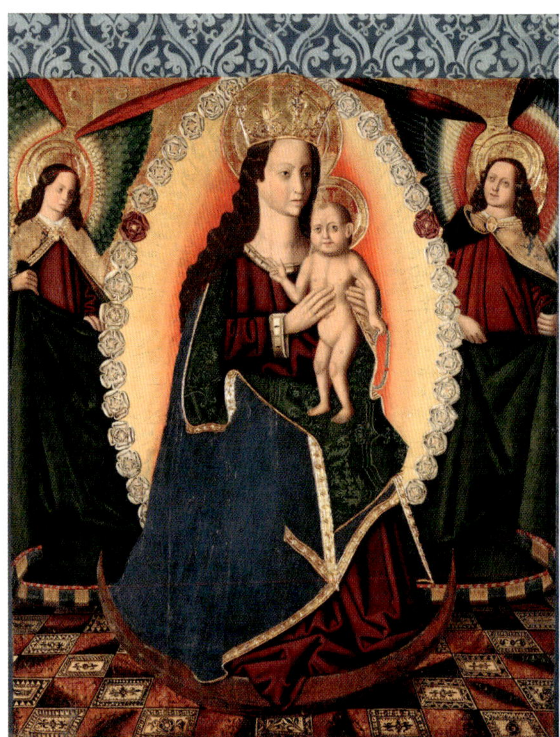

La Resurrección

El **ciprés** (*Cupressus sempervirens*) es un nexo entre la tierra y el cielo, gracias a su inconfundible silueta columnar. Curiosamente, en esta tabla hay dos ejemplares con sus mal llamados "frutos", los conos femeninos, algo que no es tan habitual en las representaciones de esta conífera. Esta especie se liga muchas veces a la Virgen María, al ser el ciprés uno de sus muchos símbolos.

La Resurrección
Pedro García de Benabarre / 1445-1485 [ca.]
Temple sobre tabla / Iglesia de Nuestra Señora de Baldós (Montañana) / NIG 11401

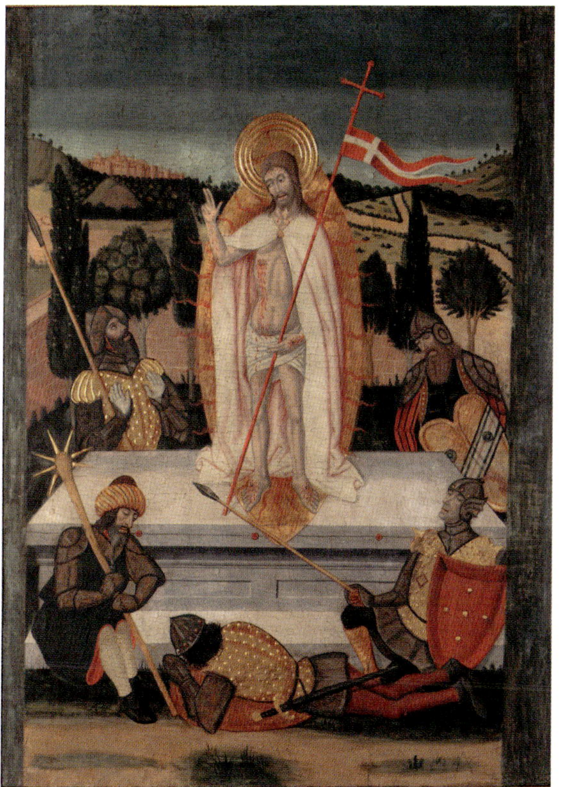

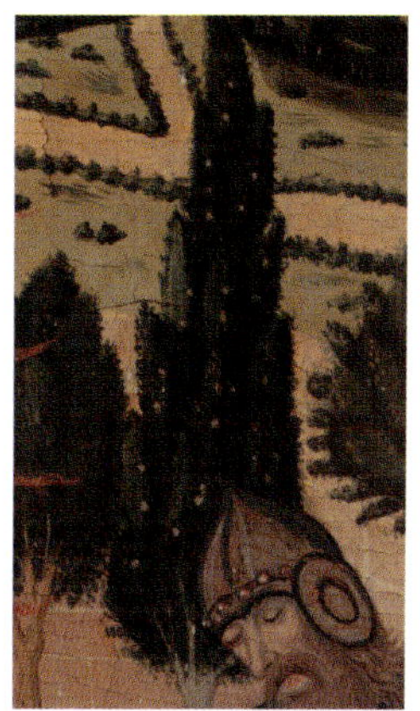

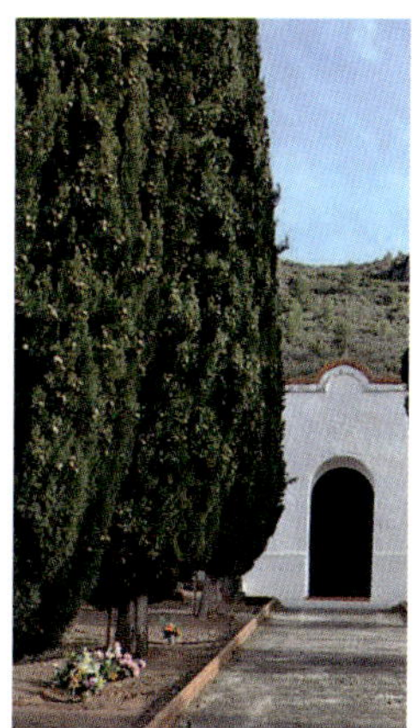

Porte del ciprés y detalle de sus conos femeninos
Fotos: Joanbanjo / Philmarin

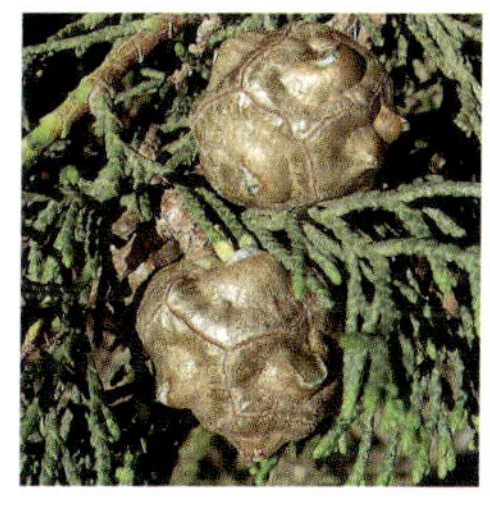

Santa Inés

La **azucena** (*Lilium candidum*) es una de las plantas más representadas en la historia del arte. Y no es para menos, ya que es una planta impactante. Se dice que los cruzados, en su regreso de Tierra Santa —lugar de origen de esta especie—, impulsaron aún más el cultivo de esta flor, que ya estaba establecida en Europa.

Santa Inés
Anónimo / 1661 / Óleo sobre lienzo / NIG 00041

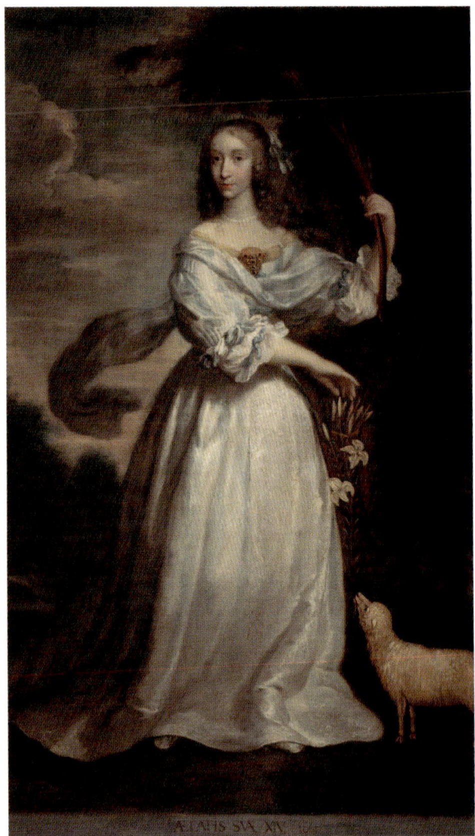

En este lienzo, las dos plantas que acompañan a Santa Inés nos cuentan su historia. Al acogerse a la doctrina cristiana, fue condenada a vivir en un prostíbulo, donde permaneció milagrosamente virgen. La azucena simboliza esa virginidad. La hoja de **palmera datilera** (*Phoenix dactylifera*) que sujeta en la mano confirma que sufrió el martirio en vida. Como también ocurre en la tabla de la Anunciación de Rodrigo de Sajonia (ver p. 43), las flores de azucena pintadas por este artista presentan solo cuatro tépalos, en lugar de los seis habituales de la especie.

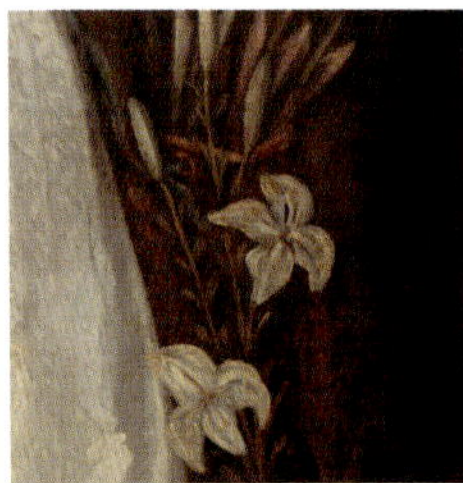

Azucena mostrando su vara floral
Foto: Meneerke bloem

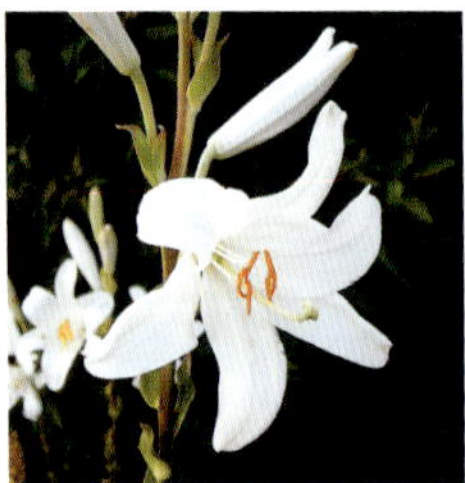

Aguamanil

Tallada en el alabastro se localizan más de media docena de varas de **espadaña** (*Typha latifolia*). Esta planta es una habitante de las zonas acuáticas de prácticamente toda la península Ibérica. Es muy reconocible por sus inflorescencias femeninas con forma de puro. En esta obra —una representación alegórica de los ríos Isuela y Flumen— simboliza el medio en el que le gusta crecer, siempre muy cerca del agua o directamente en ella.

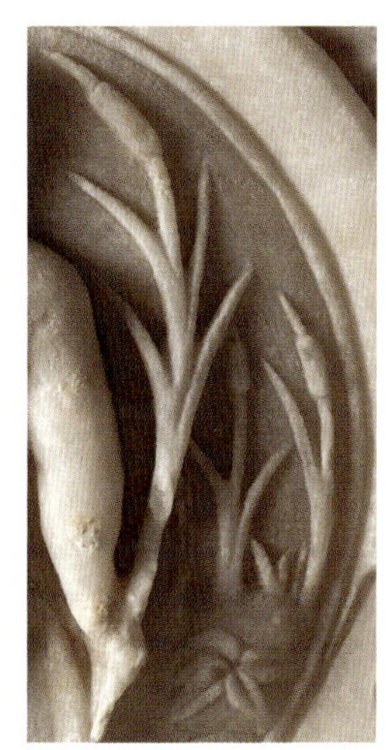

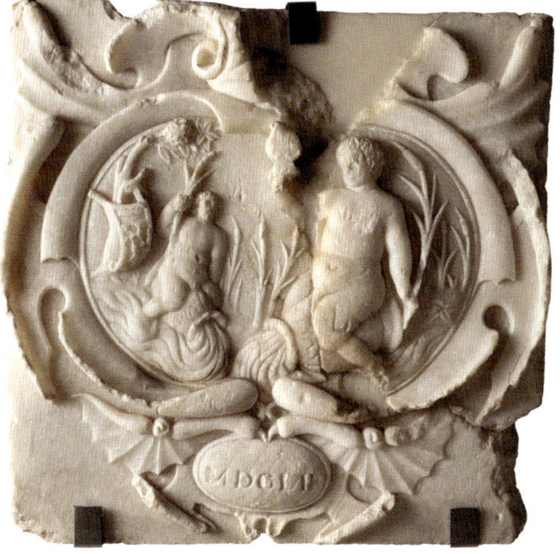

Aguamanil
Anónimo
1652
Alabastro
Huesca
NIG 03628

Espadañas al pie de un río
Foto: Hugo.arg

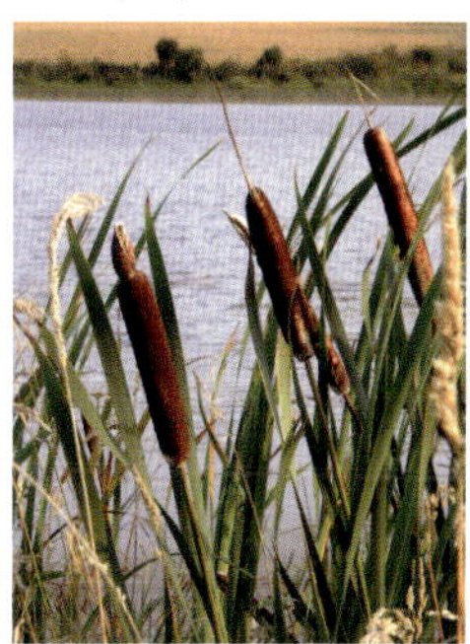

San José con el Niño dormido

Junto con la corona de espinas de Cristo, en esta obra se ve otro de los objetos botánicos más representados en las obras de arte de carácter religioso: la cruz que porta San Juan Bautista.

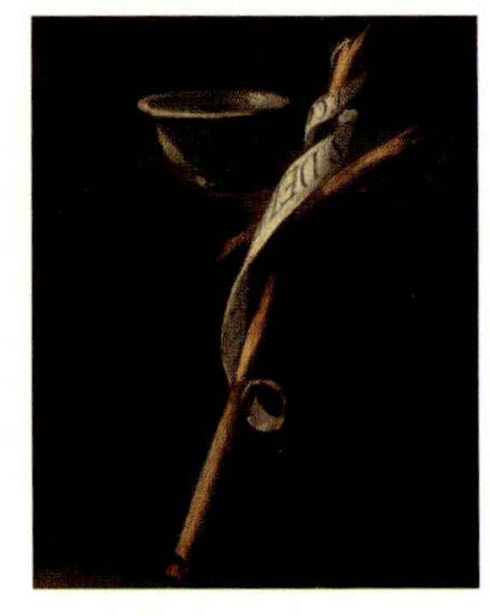

Curiosamente, en no pocas ocasiones está construida con cañas, como las del género *Arundo*. En concreto, hay una especie que se ha venido cultivando con profusión en todo el entorno mediterráneo, la **caña común** (*Arundo donax*), una especie que se cree que pudo venir desde Asia, hace muchos siglos.

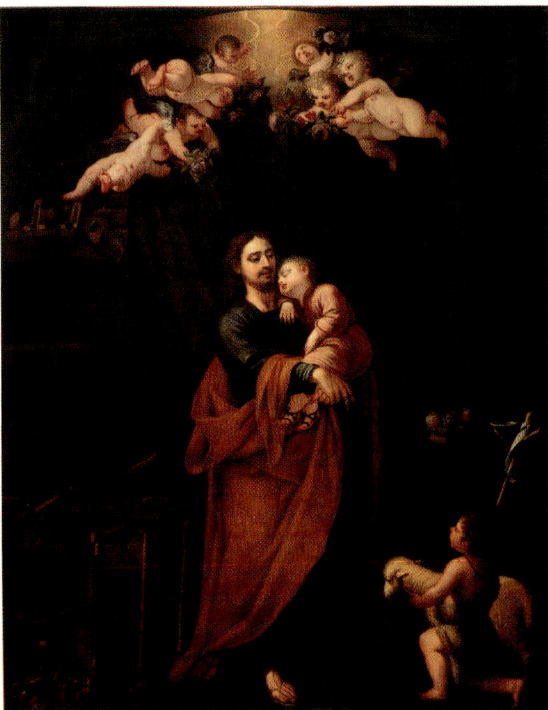

San José con el Niño dormido
Angelo Nardi
1600-1664 [ca.]
Óleo sobre lienzo
NIG 00081
Depósito del Museo
Nacional del Prado

Caña común
Foto: Krzysztof Ziarnek, Kenraiz

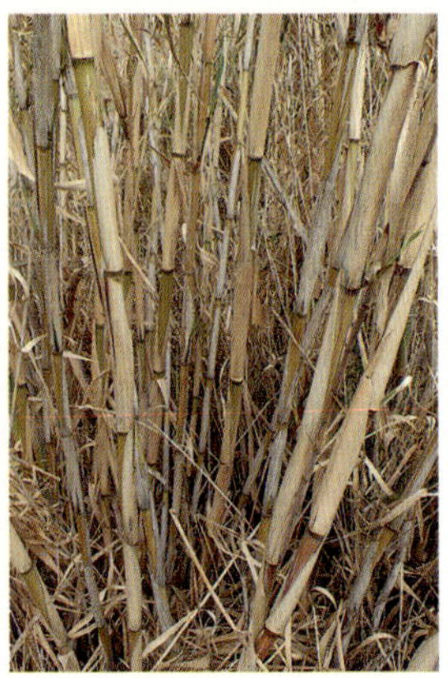

En esta obra de Nardi se encuentra otro de los grandes temas botánicos que se pueden disfrutar en el arte, como es el **bodegón**. Aquí, el pintor toscano ha incluido uno muy sencillo, pero con una carga simbólica muy potente. Tan solo cuenta con frutos de dos especies: el **manzano** (*Malus domestica*) y la **parra** (*Vitis vinifera*).

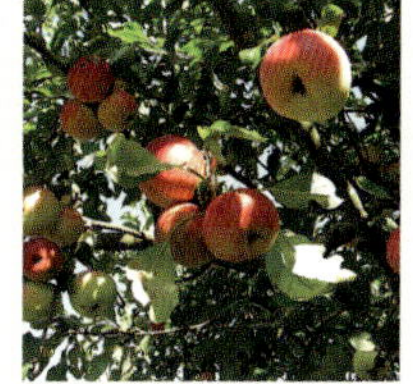

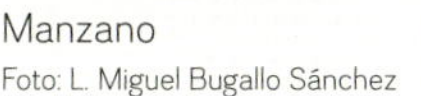

Manzano
Foto: L. Miguel Bugallo Sánchez

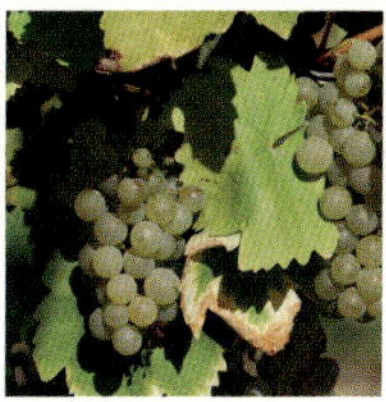

Parra
Foto: Pancrat

La **manzana** representa el pecado original, la fruta prohibida que originó la expulsión de Eva y Adán del Paraíso. La **uva**, de donde se extrae el vino, simboliza la sangre de Cristo. De esta forma, parece que el artista ha dejado clara constancia que la venida de Cristo y su derramamiento de sangre es la que limpia los pecados de la humanidad.

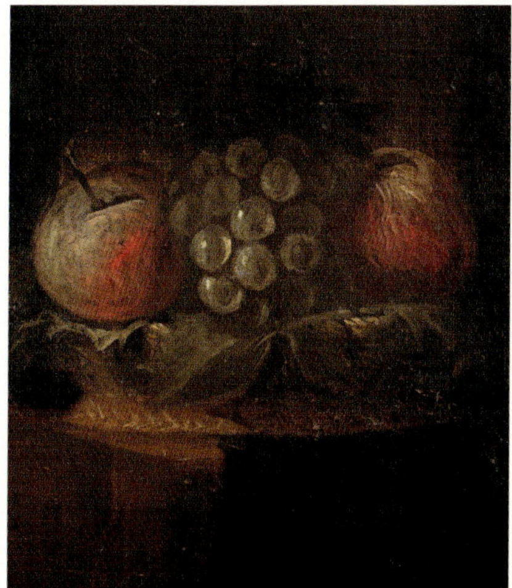

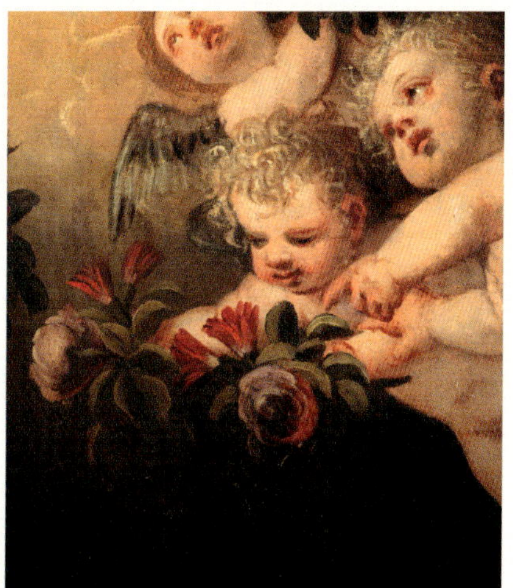

Por último, y como ocurre en una de las tablas de Rodrigo de Sajonia (ver p. 44), hay una representación realista de una planta —la **rosa de mayo** (*Rosa* x *centifolia*), con sus flores y muchas hojas— junto a otra con rasgos de fantasía —el **tulipán** rojo (*Tulipa* cv.)—. Ambas plantas aparecen en manos de los angelitos que sobrevuelan la escena sagrada.

Rosa de mayo
Foto: Eduardo Barba

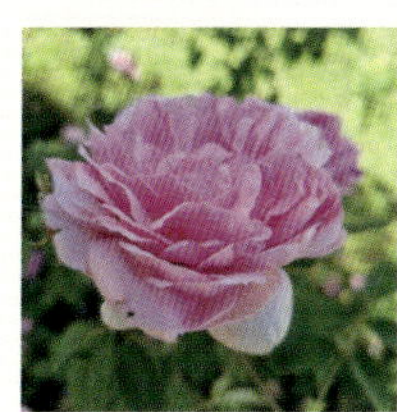

Tulipán rojo
Foto: Dominio público

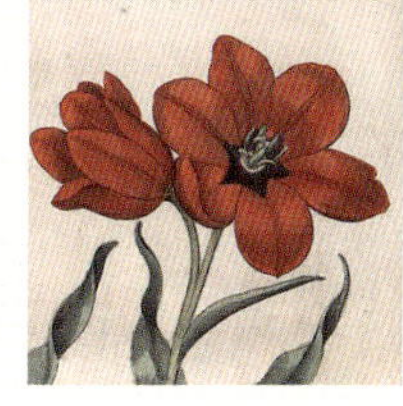

Hércules y Anteo
Juan Bautista
Martínez del Mazo
1650-1667 [ca.]
Óleo sobre lienzo
NIG 00057

Hércules y Anteo

Estas fantasiosas **palmeras** con forma de árboles —o árboles con forma de palmera— añaden a la escena un ligero exotismo a la escena, al igual que lo hacen los grandes felinos o el palmeral del fondo, a la derecha de la composición. En consecuencia, el artista pretende situar al espectador en tierras lejanas a las suyas al incluir estos detalles.

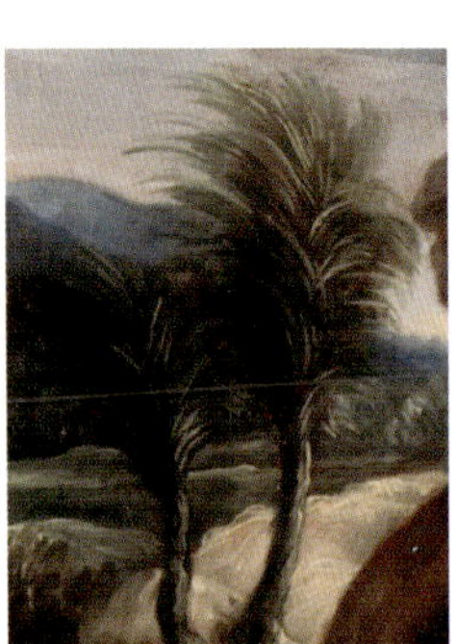

Palmeras datileras
en el desierto
Foto: Omar22

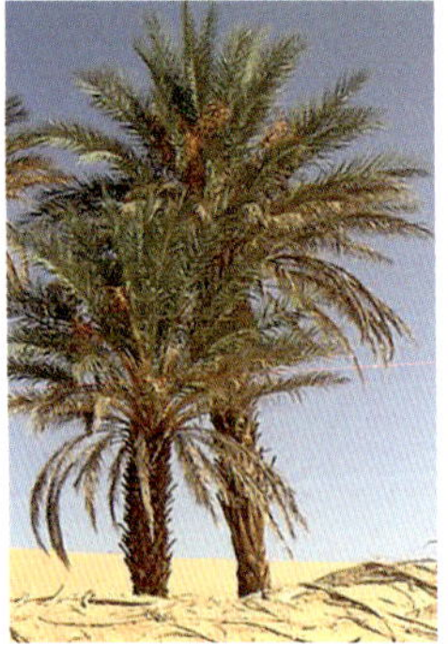

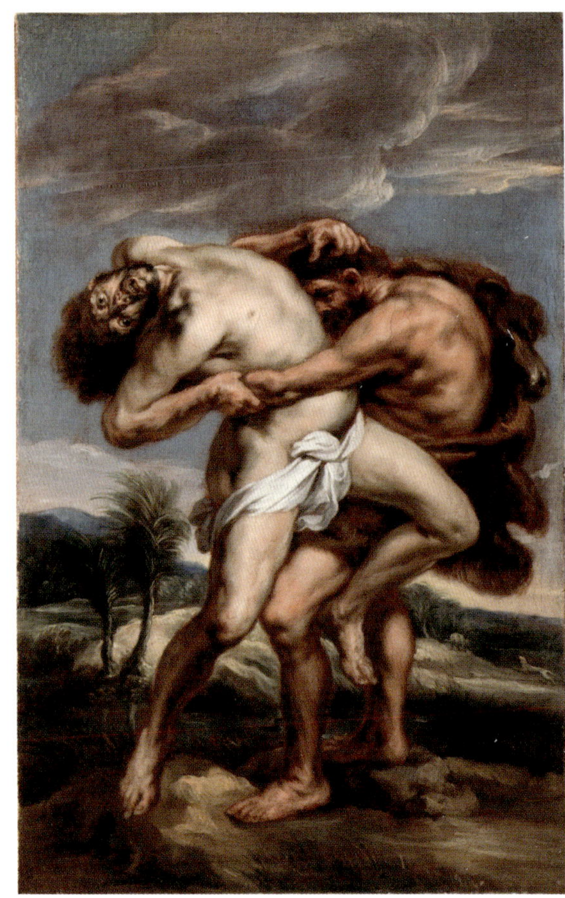

La Presentación de Jesús en el Templo

En esta obra de Gilarte hay un ramo de **azucenas** (*Lilium candidum*) en mano de uno de los personajes. Su color blanco níveo y la belleza de sus formas hizo que esta flor fuera muy apreciada, por lo que era una planta de frecuente cultivo en los jardines. Aquí se encuentra pintada con gran realismo, con sus seis tépalos característicos, normalmente recurvados hacia atrás.

La Presentación de Jesús en el Templo
Mateo Gilarte
1651
Óleo sobre lienzo
NIG 00075
Depósito del Museo Nacional del Prado

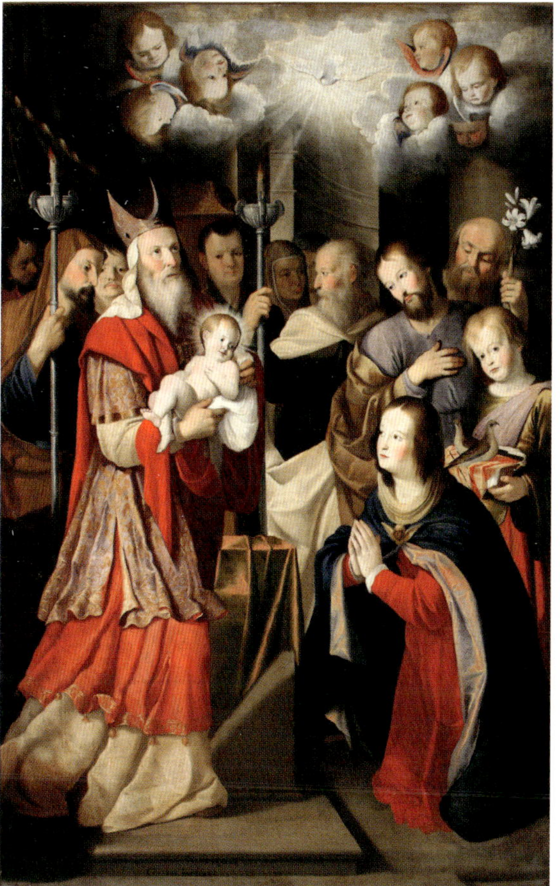

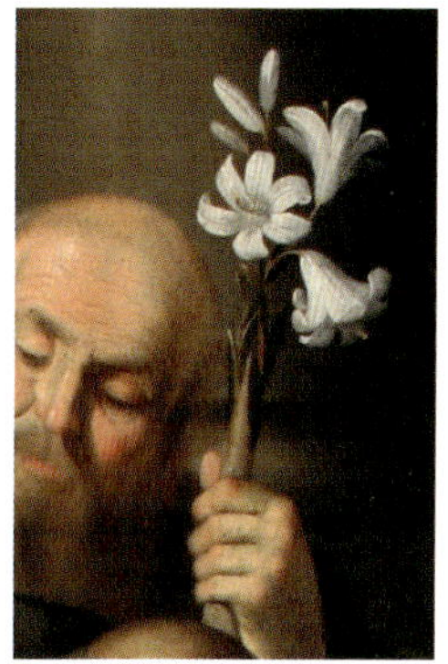

Flor de azucena
Foto: Ernst Gügel

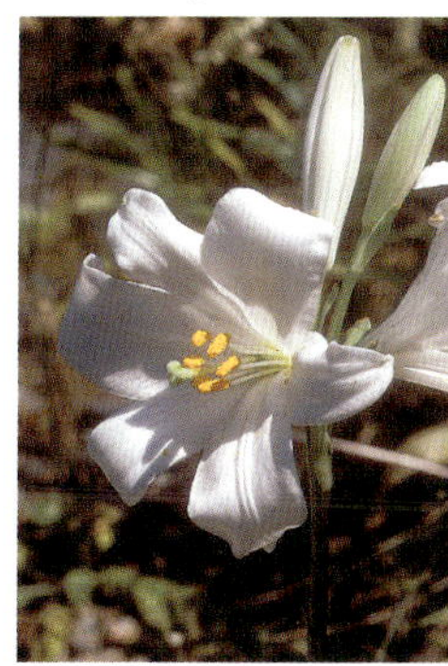

Ana de Austria

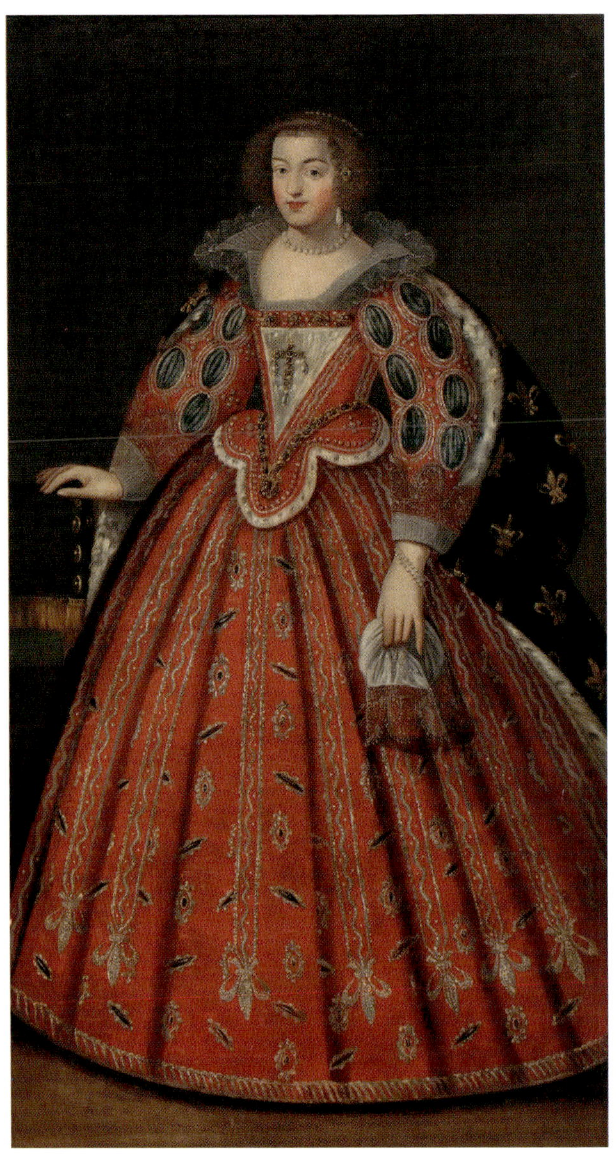

La *flor de lis* es uno de los motivos botánicos más recurrentes por parte de la nobleza y de las casas reales. La posible planta que sirvió de modelo es algo incierta. Si bien a veces se aboga por la omnipresente **azucena** (*Lilium candidum*), hay una leyenda que cuenta algo más.

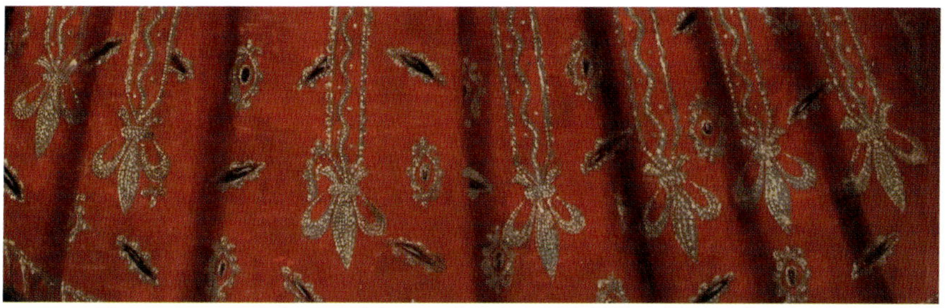

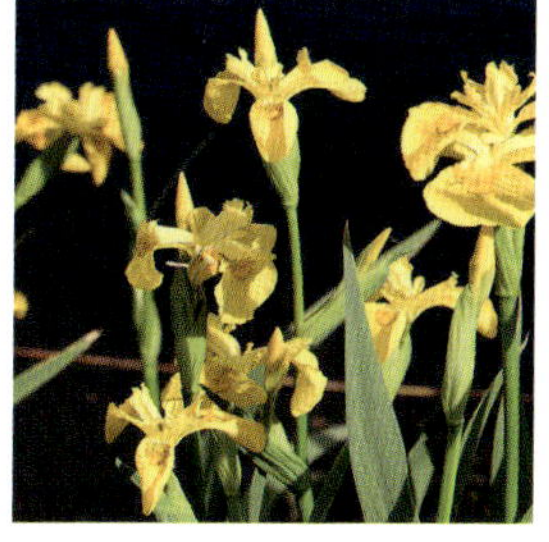

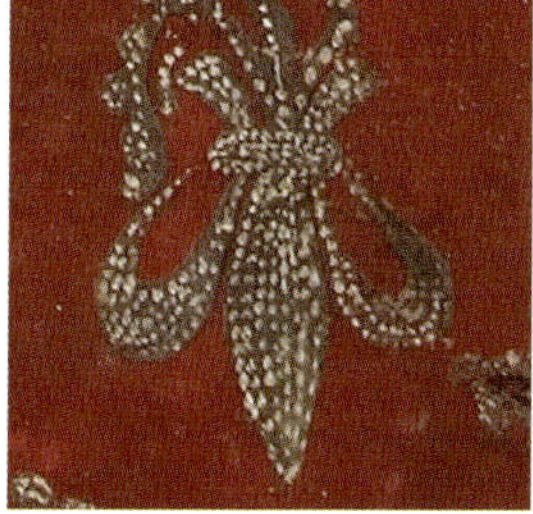

Flores de lirio amarillo
Foto: Luc.T

◄ ***Retrato de Doña Ana de Austria***
Bartolomé González
Comienzos del siglo XVII
Óleo sobre lienzo
NIG 00038

Se dice que al comienzo del siglo VI, el primer rey de los francos, Clodoveo I, se vio apresado contra un recodo del río por el enemigo. Sin posibilidad de escapatoria e inferior en número, las posibilidades de sobrevivir no eran muchas. Pero, al mirar hacia el agua, Clodoveo I vio crecer en ella las flores del **lirio amarillo** (*Iris pseudacorus*). Entonces, supo que el río no era profundo, y pudo así vadearlo y escapar de una muerte segura. Desde entonces acogió esta planta como emblema de su casa real. Unos siglos después, Luis VII rescató este símbolo para sí, por lo que pasó a llamarse *flor de Luis*, que daría origen al conocido nombre de *flor de lis*.

Hoja de acanto
Foto: Wildfeuer

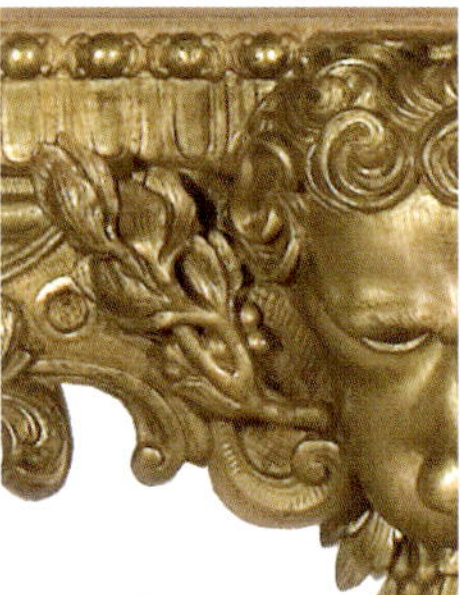

Hojas y frutos maduros del laurel
Foto: George E. Koronaios

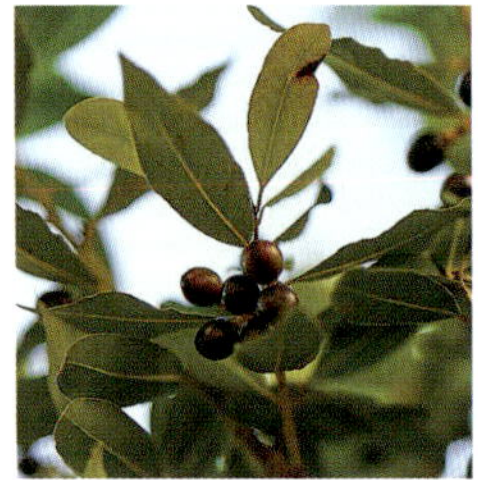

Pedro Pablo Abarca de Bolea. Conde de Aranda

En la colección del Museo de Huesca, el **acanto** (*Acanthus mollis*) está presente en multitud de obras. También aparece en marcos, como en este tan espectacular y complejo; en él se pueden apreciar las hojas de acanto en varios lugares del marco, como alrededor de la cabeza del león, o incluso saliendo de su boca. A veces, estos acantos tienen formas tan fantasiosas y elaboradas que cuesta reconocerlo. Sus hojas también se encuentran pintadas en la mesa, a la derecha del retratado.

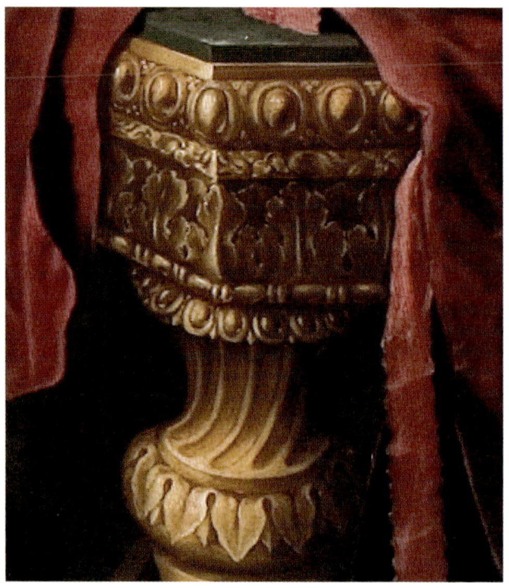

En la parte baja del marco, a ambos lados de la cabeza del león, surgen dos ramitas de **laurel** (*Laurus nobilis*), no del todo realistas, en especial por sus hojas, faltas de rigor botánico. También se pueden apreciar sus pequeños frutos esféricos en la base de cada rama. Cuando maduran, muestran un color negro brillante.

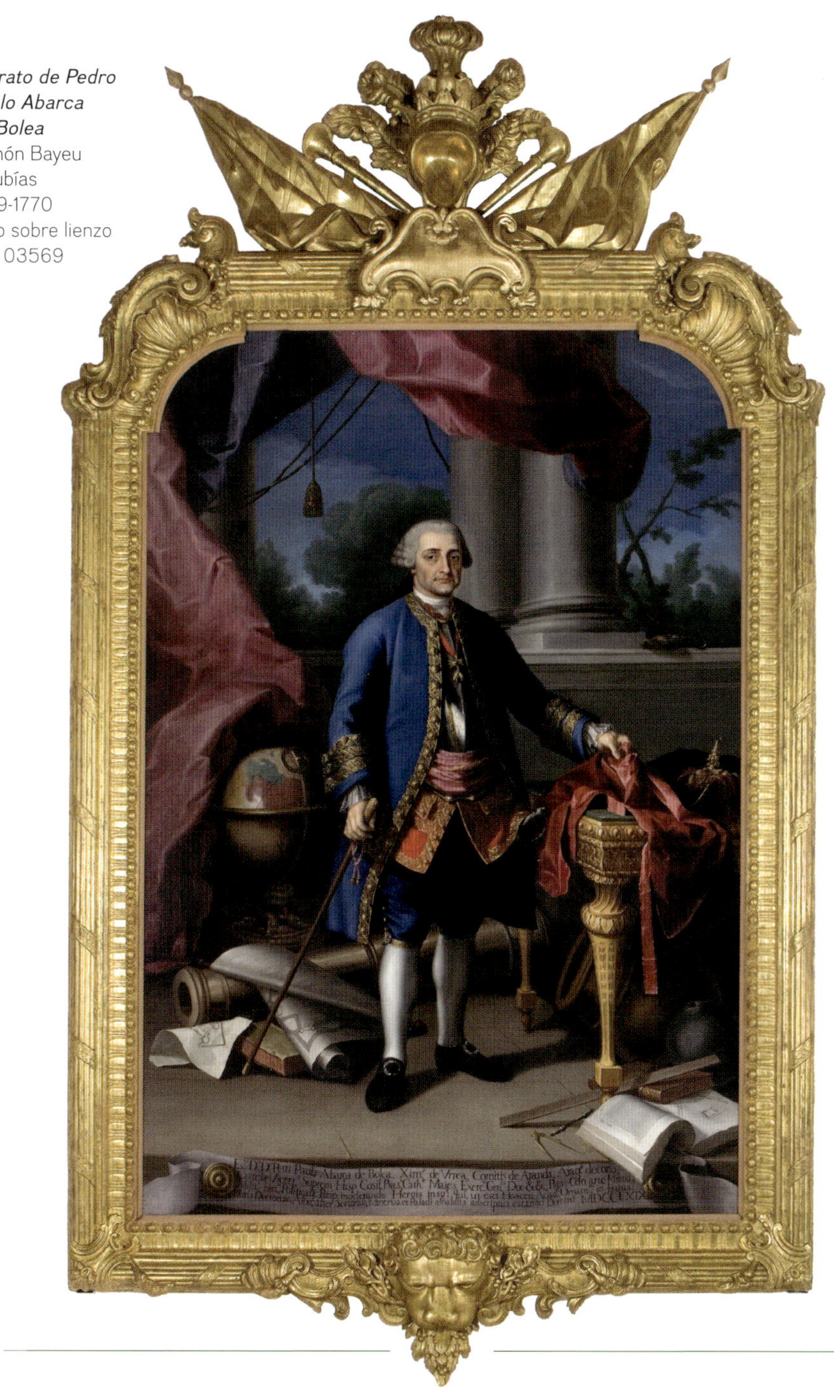

Retrato de Pedro Pablo Abarca de Bolea
Ramón Bayeu y Subías
1769-1770
Óleo sobre lienzo
NIG 03569

Capricho

En esta fantasía no podían faltar las plantas. Hay una licencia artística muy curiosa de Montañés, al pintar un arbusto que mezcla las **rosas de mayo** (*Rosa* x *centifolia*) y los **tulipanes** (*Tulipa* cv.). ¿O puede que esas últimas flores sean solamente hojas que amarronan, antes de caer de la planta?

Capricho ►
Bernardino Montañés
1891
Óleo sobre lienzo
NIG 01540

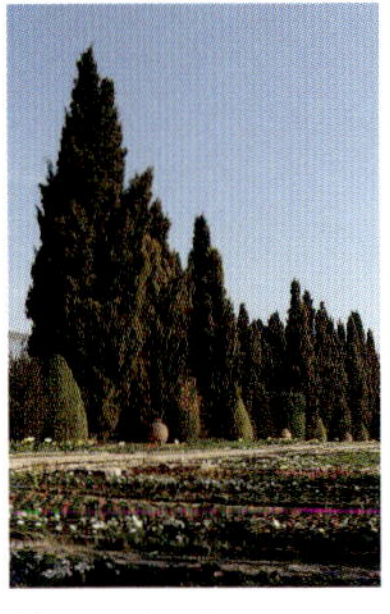

Alineación de cipreses
Foto: Anagh

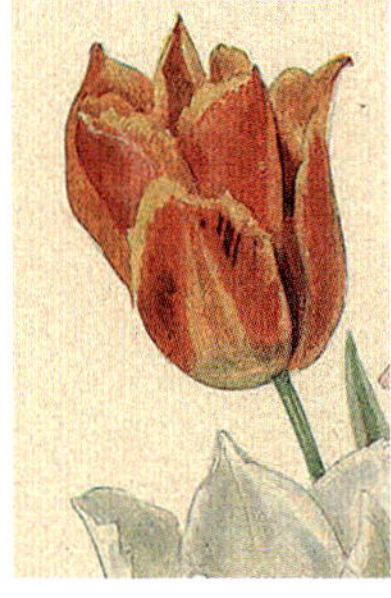

Tulipán
Foto: J. Eudes

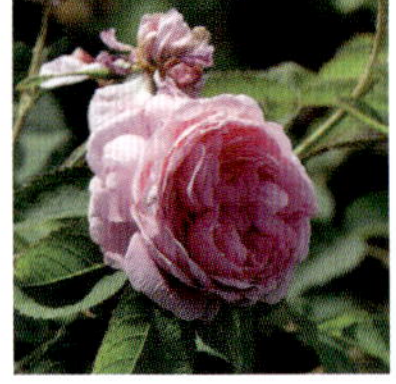

Rosa de mayo
Foto: Krzysztof Ziarnek, Kenraiz

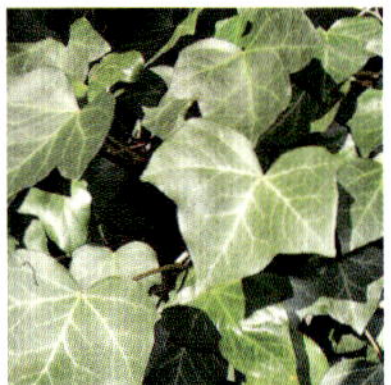

Rama de hiedra
Foto: Dominio público

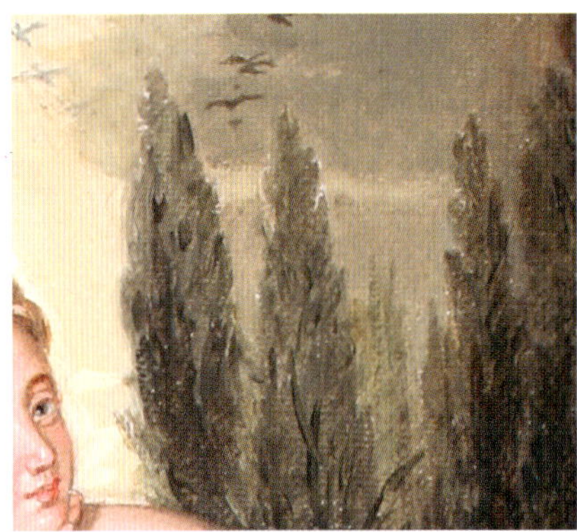

En la obra también hay una rama de **hiedra** (*Hedera helix*), creciendo sobre el alféizar de piedra. Esta planta simboliza la vida eterna, por permanecer siempre verde todo el año, y por resistir al frío, al calor, y tanto a la abundancia de agua como a la sequía.

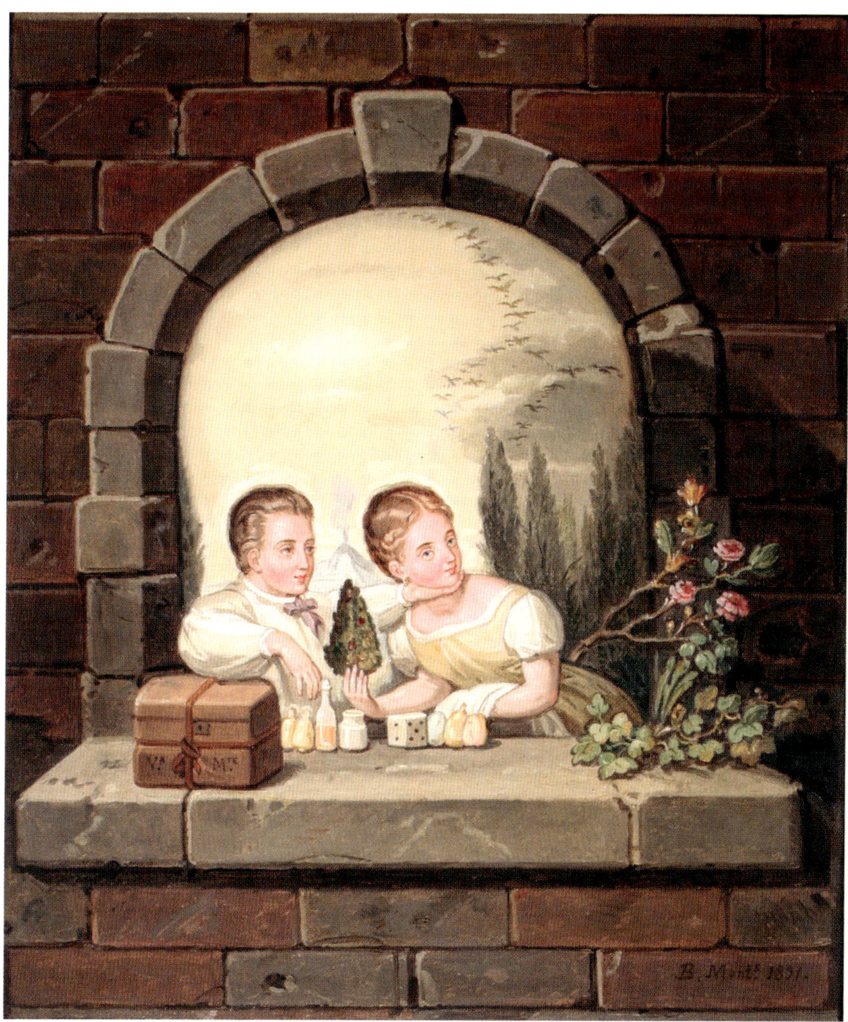

En el paisaje de fondo, se dibujan a la izquierda y a la derecha las copas alargadas de los **cipreses** (*Cupressus sempervirens*). Su presencia constante en los cementerios —donde con sus raíces profundas no levantan las piedras—, le hacen ser un actor imprescindible para esta *vanitas*, este recordatorio de nuestra vida fugaz. También hay que advertir a la pareja de enamorados retratada que las flechas de Cupido estaban hechas de la madera de este bello árbol que es el ciprés.

Minerva y Sertorio

El militar romano Quinto Sertorio se presenta doblemente honrado con **laurel** (*Laurus nobilis*), tanto por la corona que porta él mismo en su cabeza como por la que la figura de la victoria alada lleva en su mano. El laurel era otra de las plantas imprescindibles en los jardines romanos, gracias a su rusticidad y el agradable aroma de sus hojas, entre otras cualidades. Ese perfume y sus hojas perennes puede que fueran otra de las razones principales para ser elegida para coronar a emperadores y poetas.

Aunque no lo parezca, el resto de las plantas que pueblan la obra pertenecen a una botánica genérica, sin rasgos de realismo en ninguna de esas especies inventadas que crecen alrededor del militar romano.

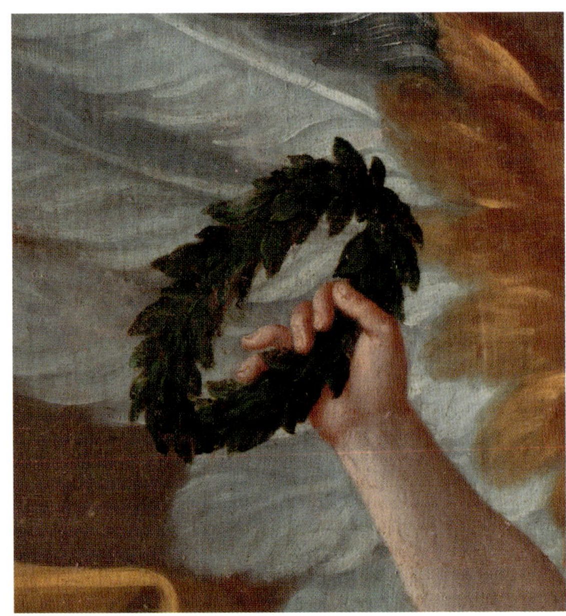

Características hojas de laurel
Foto: Forest & Kim Starr

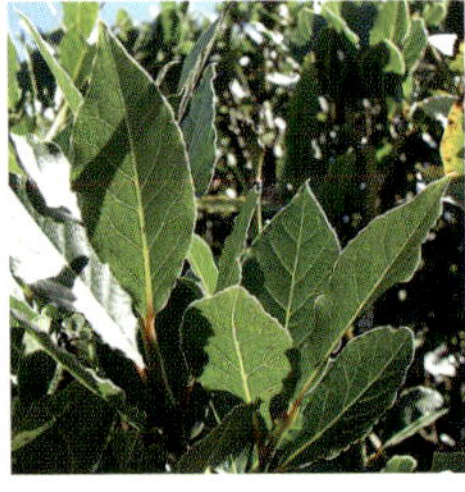

Minerva y Sertorio
Juan Andrés Merklein
1768 / Óleo sobre lienzo
NIG 03578

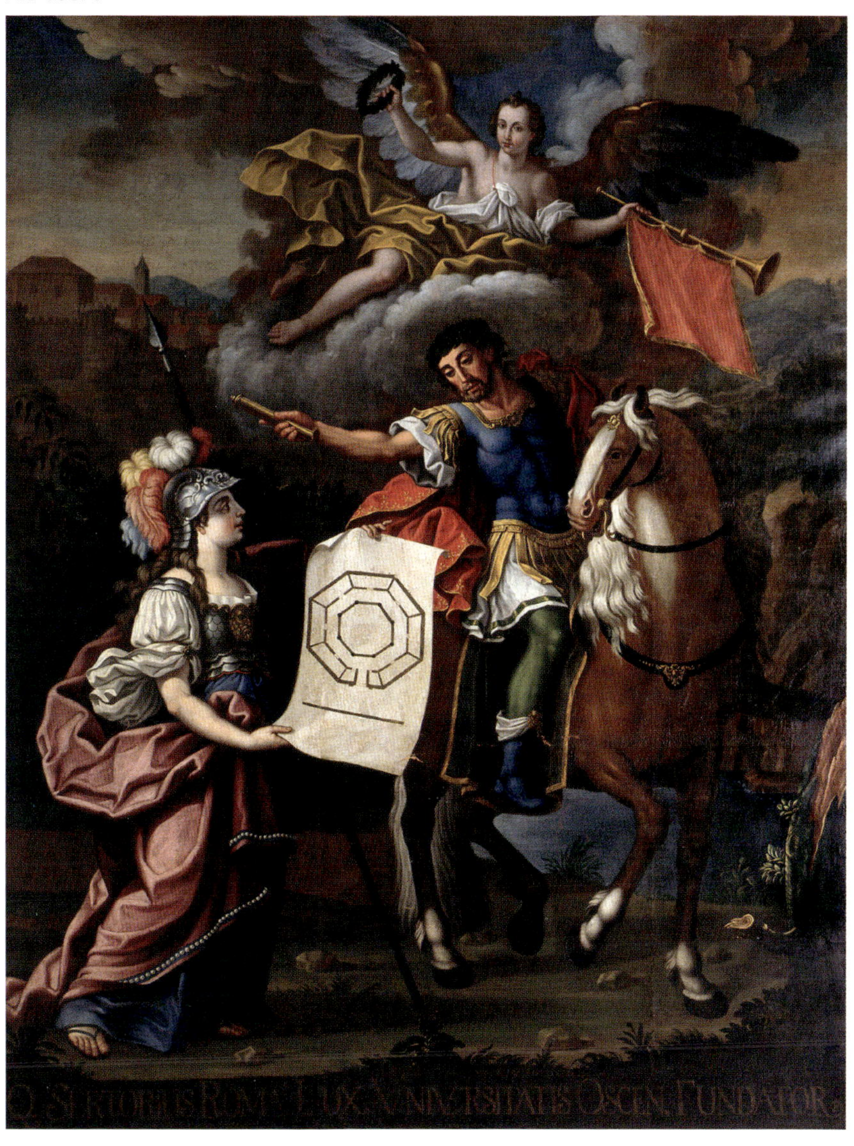

La Feria

El **plátano de sombra** (*Platanus* x *hispanica* / *Platanus orientalis*) es uno de los árboles más utilizados tradicionalmente para generar alineaciones en parques y avenidas. Su gran copa, su velocidad de crecimiento y su rusticidad le dieron esa justa fama. Los antiguos romanos lo extendieron por todo su territorio conquistado, por el disfrute de la sombra que genera este enorme árbol. Plinio el Viejo dejó reflejado en su *Historia natural* una curiosa deferencia que tenían los romanos para con el plátano: «Con posterioridad, hasta tal punto ha crecido su estima que se los sustenta regándolos con vino puro. Ha podido comprobarse que tal procedimiento es muy beneficioso para las raíces; así es que hemos enseñado a beber vino incluso a los árboles».

La Feria
Ramón Acín
1927-1928 [ca.]
Óleo sobre lienzo
NIG 04307

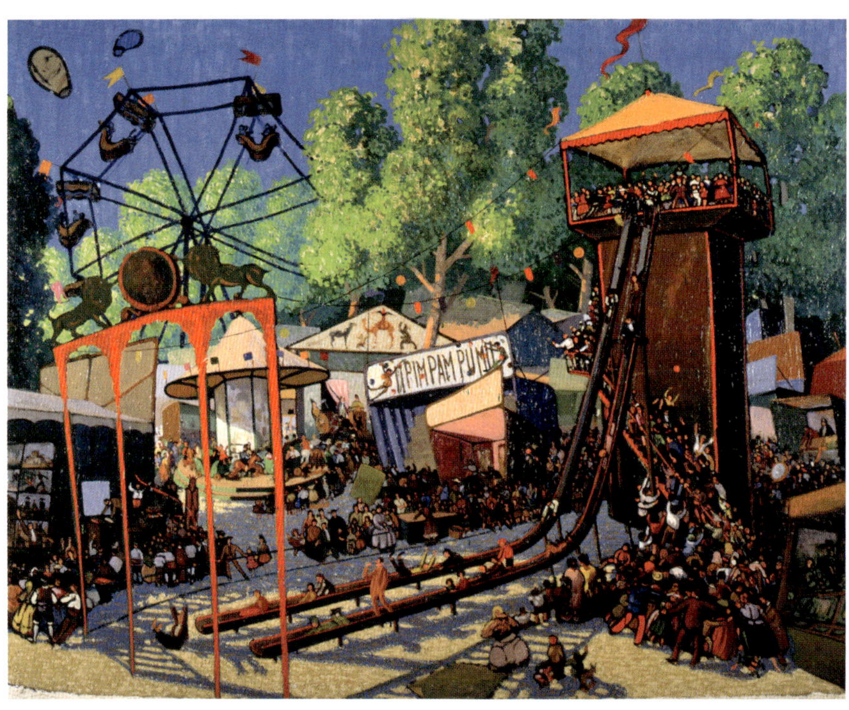

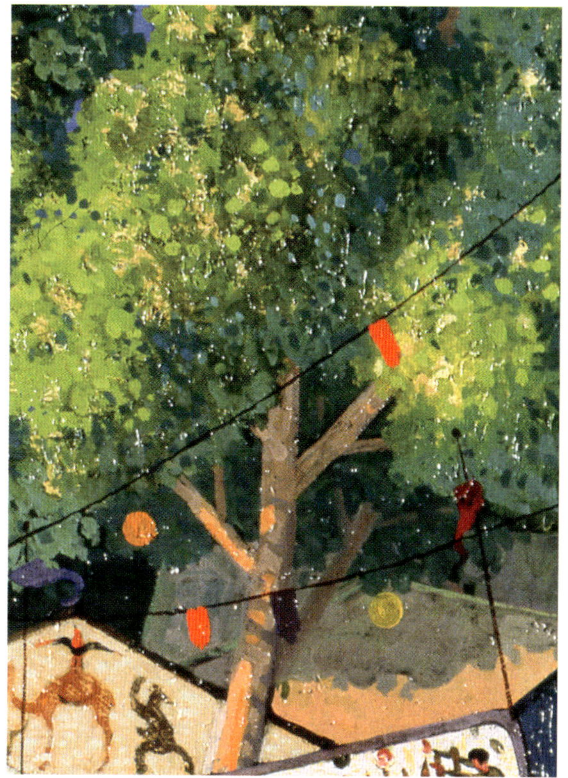

A pesar de que no se aprecia la forma de sus hojas, el artista ha pintado uno de los rasgos del plátano más destacables, y que lo diferencia de otros árboles: su corteza. Esta tiene un inconfundible patrón con distintos parches de tonos parduzcos, como si fuera de camuflaje. El plátano, compañero de nuestros parques y jardines, no podía faltar en un entorno así. Y seguro que en esta bulliciosa feria pintada por Acín algo de vino también caería a los pies de esos árboles, como relató Plinio el Viejo hace unos cuantos siglos. Por cierto, la fiesta de este cuadro parece inspirada en otra pintura no tan alegre que cobija el Museo del Prado: *El triunfo de la Muerte* (1562-1563), de Pieter Bruegel el Viejo. Entre ambas obras surgen muchas pequeñas coincidencias que hermanan este canto vital de Ramón Acín con aquel otro lleno de desesperación.

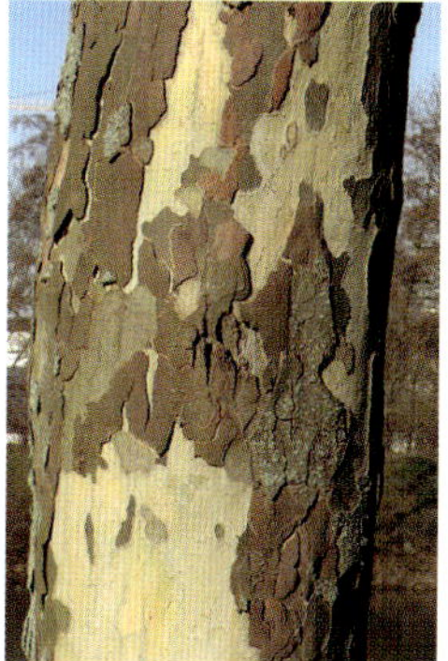

La corteza del plátano se descama provocando un curioso patrón inconfundible
Foto: AnRo0002

Muchacha / Jardín de Anzánigo

El **don Diego de día** (*Ipomoea purpurea*) es una planta herbácea americana que es un derroche de alegría en plena floración. Recibe su curioso nombre popular del hecho de que abre sus flores en la mañana, en cuanto sube un poco el sol, para marchitarse unas horas después. Pero sigue y sigue dando cientos de flores antes de que lleguen los fríos, acompañando nuestra sonrisa de admiración por tanta belleza. En otra obra de Acín conservada en el Museo de Huesca, *Jardín de Anzánigo*, se aprecian sendos arcos cubiertos de don Diego de día, donde este artista quizás pudo inspirarse para realizar este retrato de *Muchacha*.

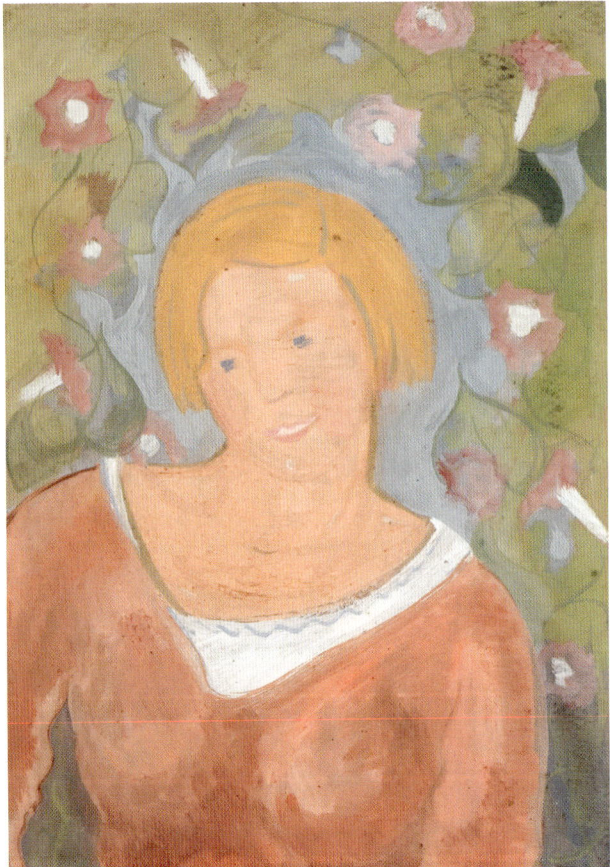

Muchacha
Ramón Acín
1929-1930
Óleo sobre cartón
NIG 05063

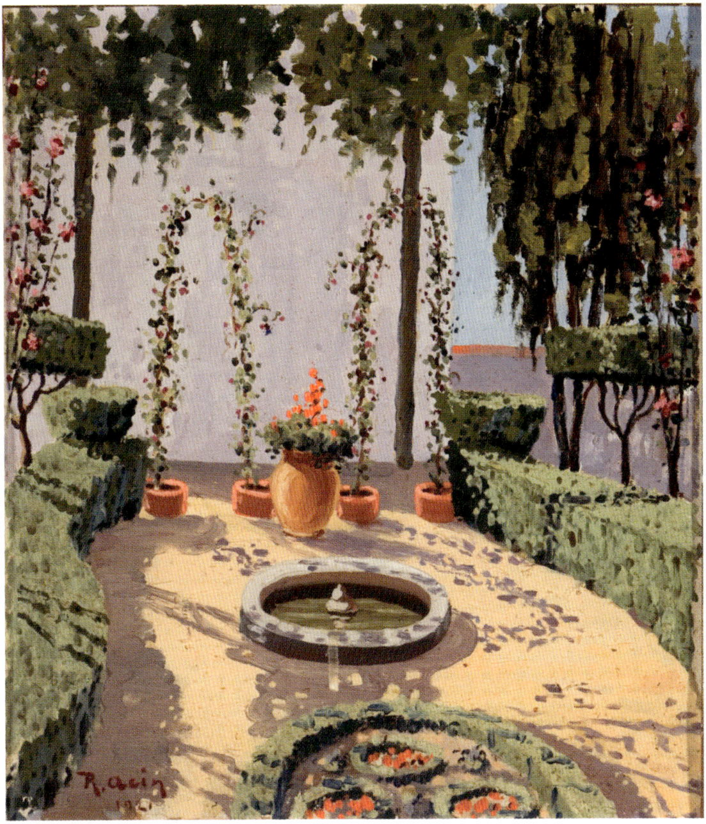

Jardín de Anzánigo
Ramón Acín
1921
Óleo
sobre cartón
NIG 05049

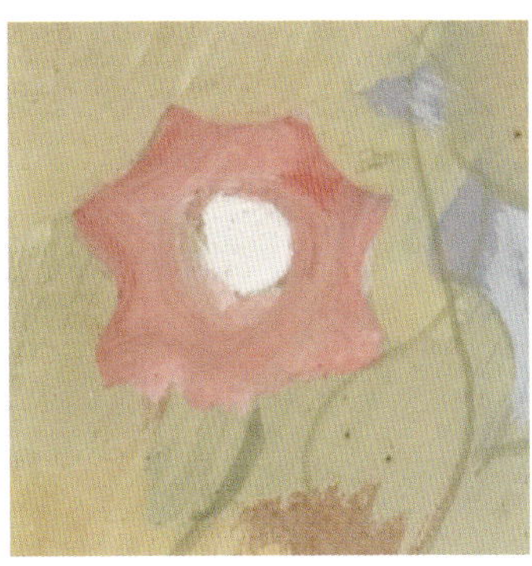

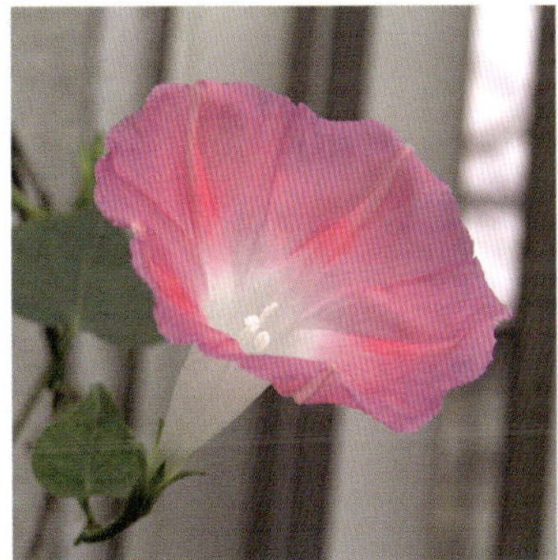

Don Diego de día
Foto: 阿橋花譜

Patio del Museo

En esta pintura se halla un testimonio perfecto de cómo sería el ajardinamiento del patio del Museo de Huesca a finales del siglo XIX. Hay tres especies perfectamente reconocibles, gracias a la destreza del artista para captar su personalidad. Todas ellas, muy comunes en los ajardinamientos de aquel entonces e incluso de ahora.

Entre las dos figuras lectoras se ve el tronco recto y pulcro de una **falsa acacia** (*Robinia pseudoacacia*) con sus pequeñas hojas compuestas, un árbol norteamericano que colonizó gran parte de Europa gracias al uso que se le daba a su madera, de buenas cualidades. Sus dulces flores comestibles fueron un alimento habitual en ciudades y pueblos, a las que se llamaba "pan y quesillo", entre otros nombres. Por su ramificación, se intuye que todos los años le debían aplicar una poda severa para reducir su copa y que sus ramas no interfirieran con el edificio. De fondo, por delante de uno de los arcos del patio, se ve otra falsa acacia con su copa redondeada y de un verde más luminoso, al estar en la parte soleada.

Falsa acacia con sus hojas compuestas de varios foliolos y sus flores blancas
Foto: SAplants

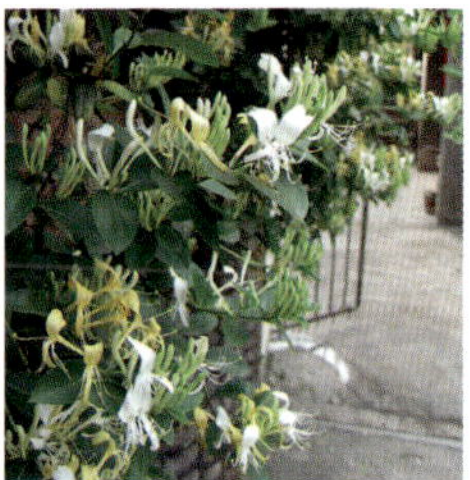

Las aromáticas flores de la madreselva
Foto: 清水五月

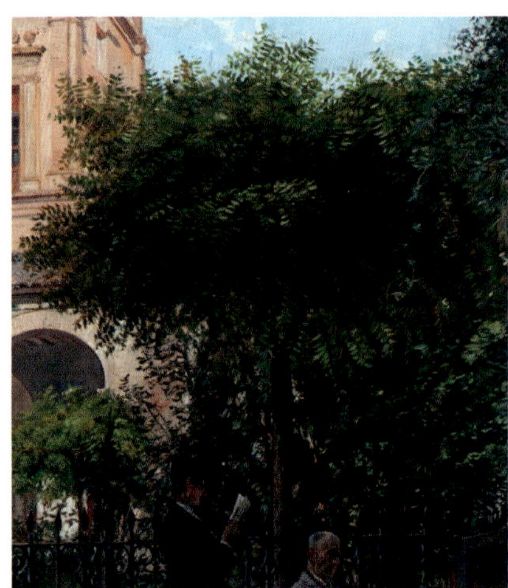

Falsa acacia podada

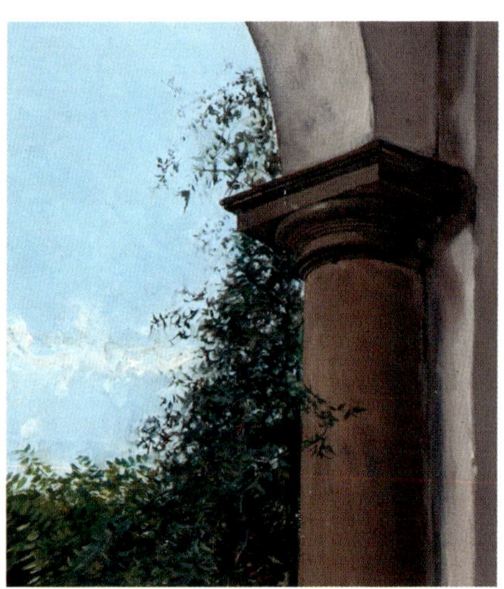

La madreselva trepa por una pared

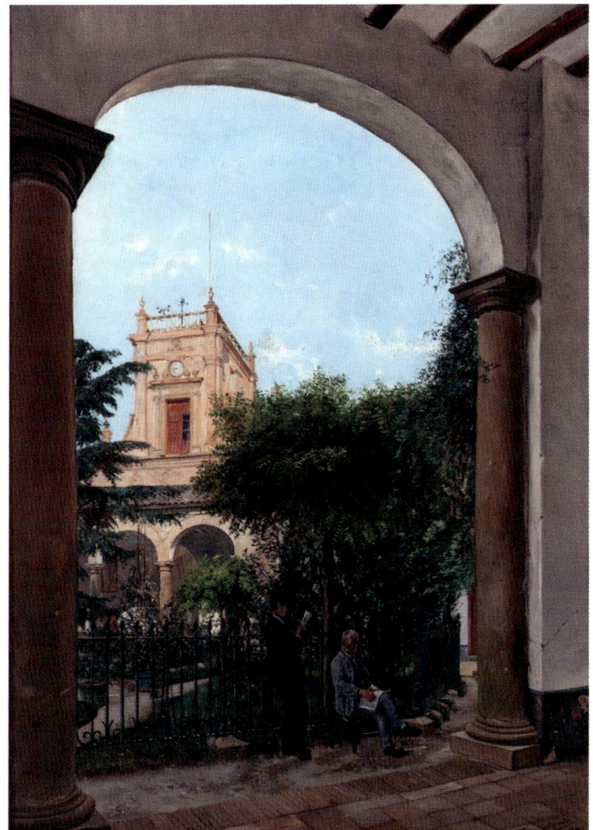

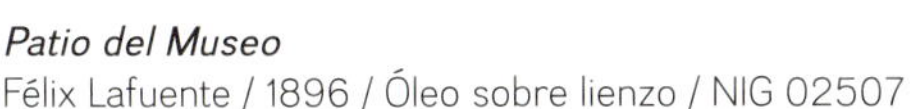

Patio del Museo
Félix Lafuente / 1896 / Óleo sobre lienzo / NIG 02507

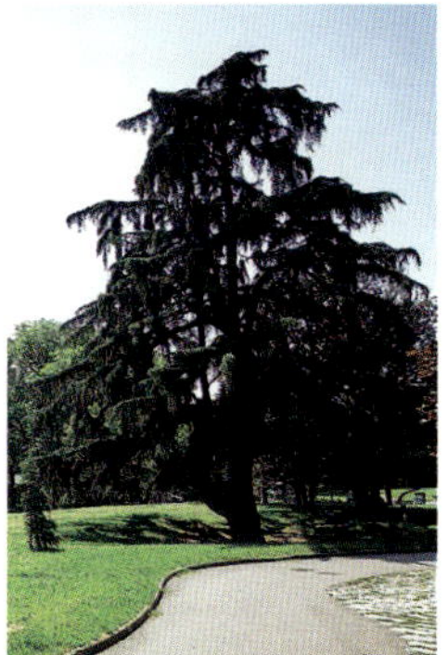

El imponente porte del cedro del Atlas
Foto: Saggittarius A

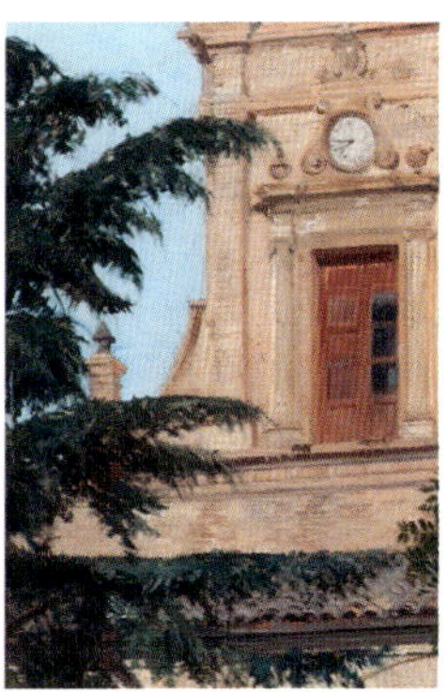

Ramas ascendentes de un cedro del Atlas

A la izquierda de la obra asoman las ramas largas de color verde oscuro del **cedro del Atlas** (*Cedrus atlantica*), una conífera también muy apreciada por su madera y muy utilizada en los jardines por su belleza majestuosa. Se reconoce fácilmente por sus ramas superiores, que crecen a 45° de inclinación. Por último, en la parte más alta del cuadro, a la derecha, se aprecia una **madreselva** (*Lonicera japonica*), una planta trepadora originaria del este de Asia y con flores que llenan los días veraniegos con su aroma.

América, norte de África, Asia... una singladura botánica peculiar, reunida en el jardín del museo. Como también lo hacen sus obras, provenientes de muchas regiones distintas, con tantas historias a cuestas, muchas de ellas con las plantas como verdaderas protagonistas.

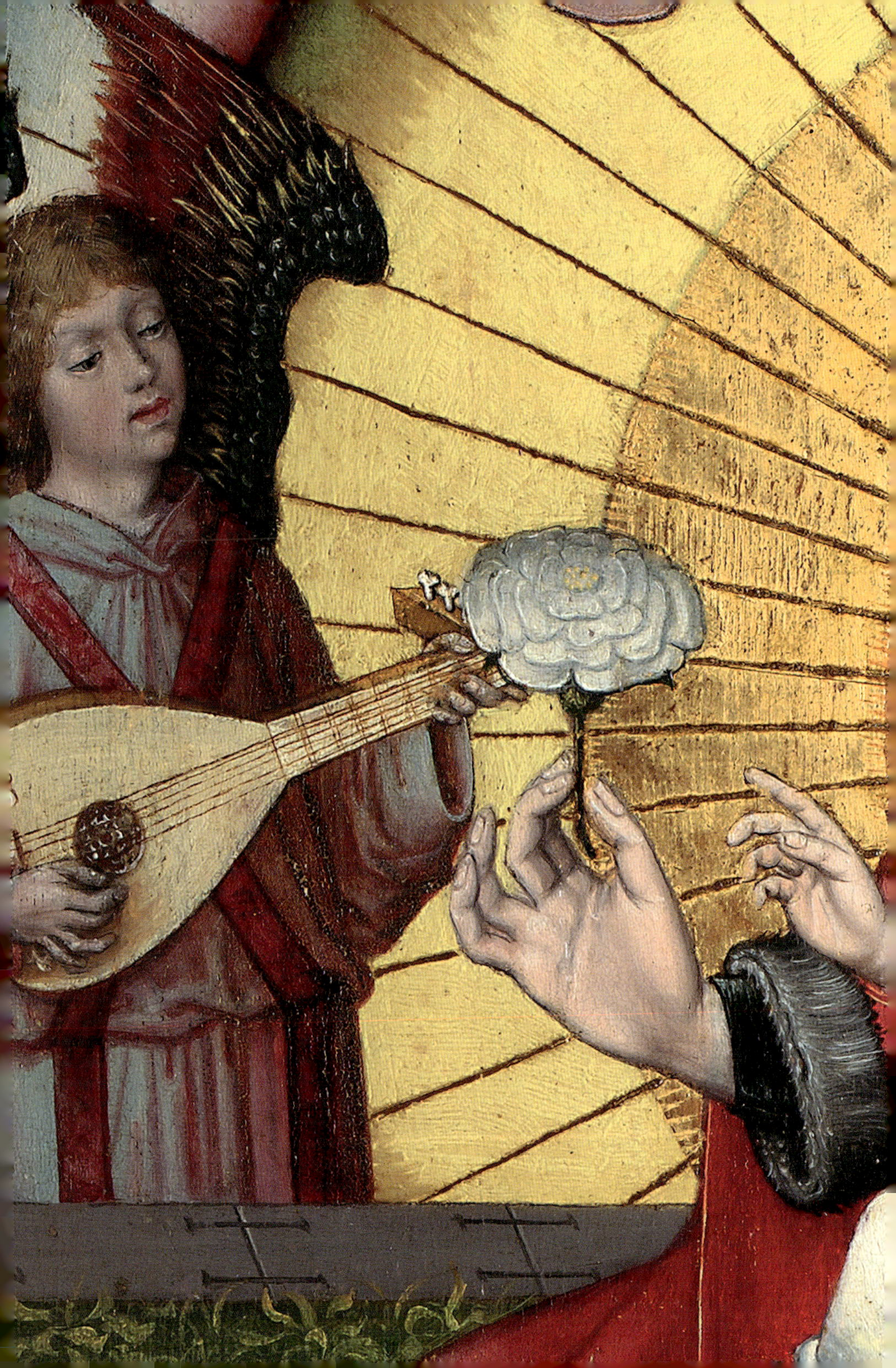

Una última flor

Hasta aquí ha llegado nuestro paseo por la botánica del Museo de Huesca. En estos pequeños y grandes jardines que son las obras de arte, nos hemos podido recrear con la forma que tenían los artistas de admirar y de incluir la naturaleza en sus creaciones. Unas veces son totalmente fidedignos a la hora de retratar las plantas, pero en otras ocasiones su imaginación hace que la fantasía también riegue sus flores.

El influjo clásico llega hasta nuestros días, y, por ejemplo, varias plantas hacen un precioso nexo entre las obras que el museo custodia del periodo clásico y las más modernas. De esta manera, los tallos de una hiedra aparecen tanto en una pintura mural romana —con su fruto incluido— como en un lienzo del siglo XIX con una pareja de enamorados. La hiedra crece en ambas obras, aunque las separen veinte siglos.

La próxima vez que salgas al patio del museo, quizás encuentres unas margaritas en medio de sus praderas: recuerda entonces que son las mismas flores que cautivaron a los artistas del pasado. Y tal vez no podamos oler esa rosa blanca que sujeta una madre en su mano, pero su belleza también habla, cuenta una historia, comparte un sentimiento con la persona que observa la pintura. Igual que hacen las miradas de los personajes retratados.

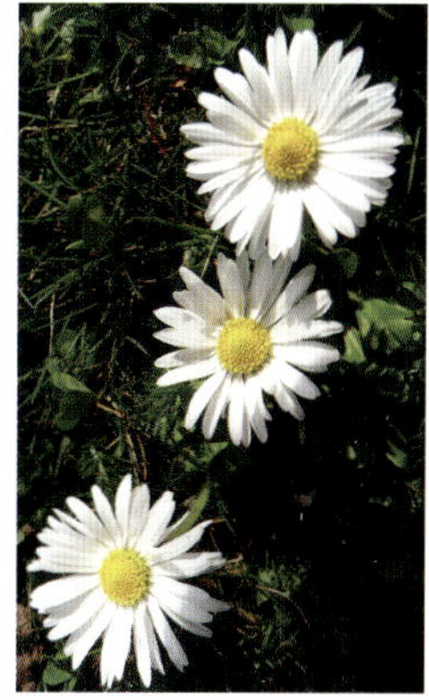

Margaritas en la pradera
Foto: 4028mdk09

◄ *Detalle de* Tríptico de la Virgen de la Rosa (pp. 58 a 61)

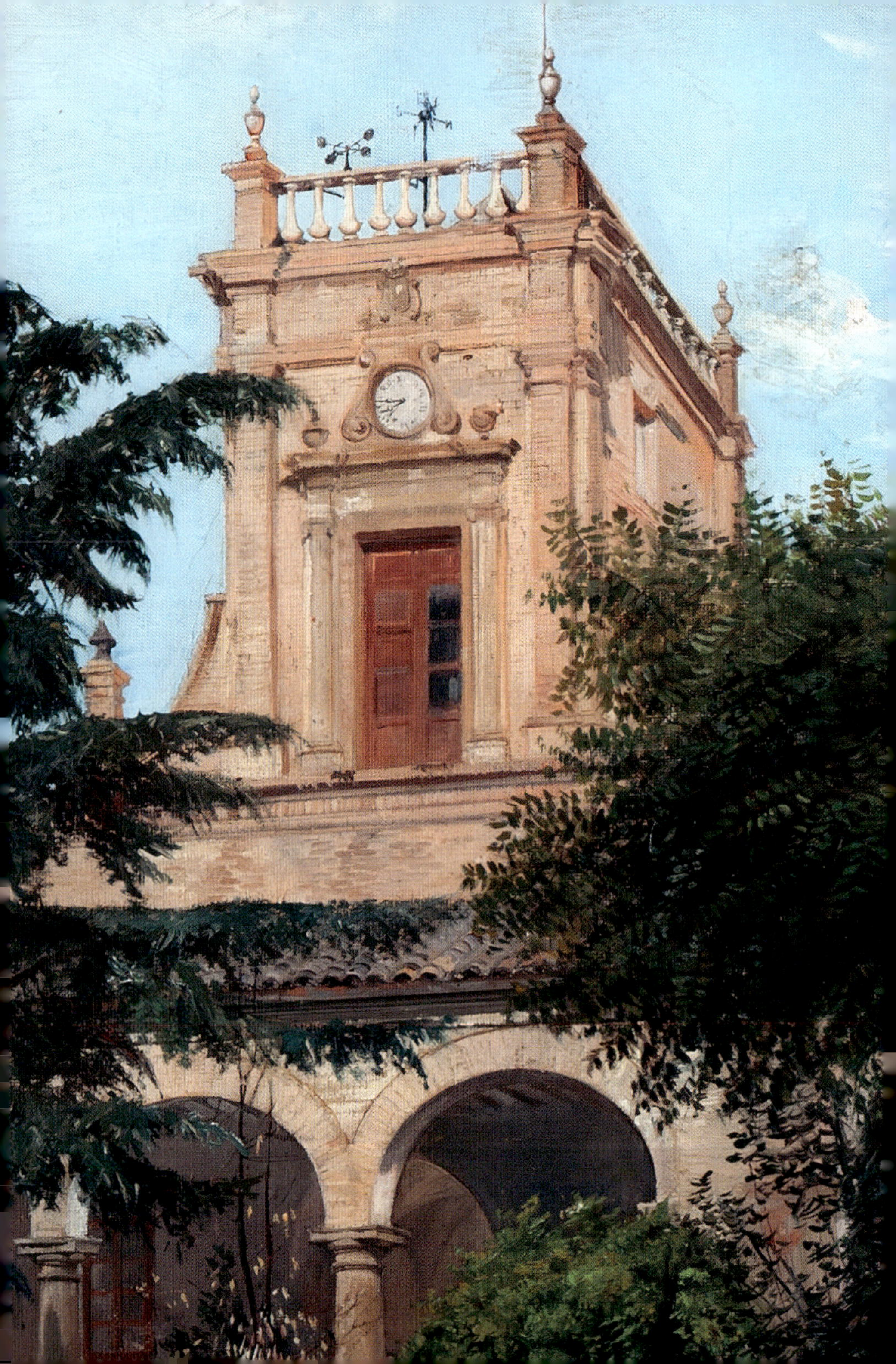

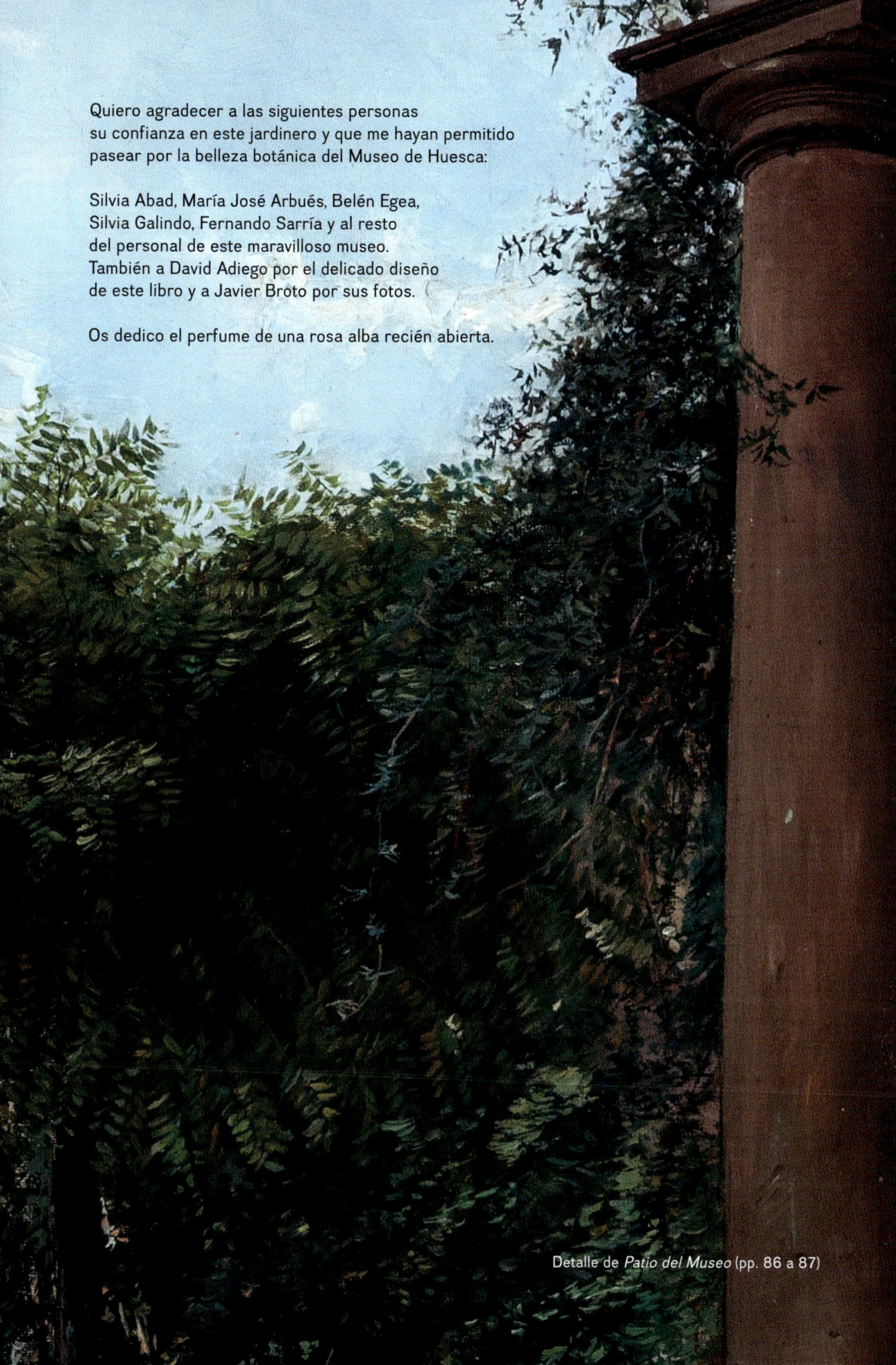

Quiero agradecer a las siguientes personas
su confianza en este jardinero y que me hayan permitido
pasear por la belleza botánica del Museo de Huesca:

Silvia Abad, María José Arbués, Belén Egea,
Silvia Galindo, Fernando Sarría y al resto
del personal de este maravilloso museo.
También a David Adiego por el delicado diseño
de este libro y a Javier Broto por sus fotos.

Os dedico el perfume de una rosa alba recién abierta.

Detalle de *Patio del Museo* (pp. 86 a 87)

Índice de plantas

Nombres comunes

Nombres científicos

Bibliografía

ARBUÉS GRACIA, María José: «Sobre un vaso de paredes finas de Gaivs Valerivs Verdvllvs en los fondos del Museo de Huesca», *Kalakorikos*, 12, 257-264, 2007.

BARBA GÓMEZ, Eduardo: «La botánica de Rodrigo de Sajonia en el Museo de Huesca», en Morte, Carmen (ed.), *Las pinturas del retablo mayor de Sijena. Un proyecto del Renacimiento para un monasterio femenino*. Huesca, Museo de Huesca, Gobierno de Aragón, 2024, pp. 211-218

CASTROVIEJO BOLÍVAR, Santiago, *et al.* (eds.): *Flora iberica. Plantas vasculares de la Península Ibérica e Islas Baleares*. Madrid, Real Jardín Botánico-CSIC, 1986-2020.

FONT QUER, Pío: *Diccionario de botánica*. Barcelona, Ediciones Península, 2001.

GÉCZI, János: «The Roman rose. An anthropological approach», *Iskolakultúra Online*, 2, 1-66, 2008.

GROS-BALTHAZARD, Muriel *et al.*: «Genomic Insights into Date Palm Origins», Genes, 9 (10), 502, 2018 [versión en línea].

LEVI D'ANCONA, Mirella: *The Garden of the Renaissance. Botanical Symbolism in Italian Painting*. Florencia, L. S. Olschki, 1977.

PAVÓN MALDONADO, Basilio: *El arte hispano-musulmán en su decoración floral*. Madrid, Agencia Española de Cooperación Internacional, 1990.

PLINIO EL VIEJO: *Historia Natural*. Madrid, Editorial Gredos, 2010.

TEOFRASTO: *Historia de las plantas*. Madrid, Editorial Gredos, 2008.

YILMAZ, Hatice *et al.*: «Identification of plant figures on stone statues and sarcophaguses and their symbols», *Mediterranean Archaeology and Archaeometry*, vol. 13, 2, 135-145, 201

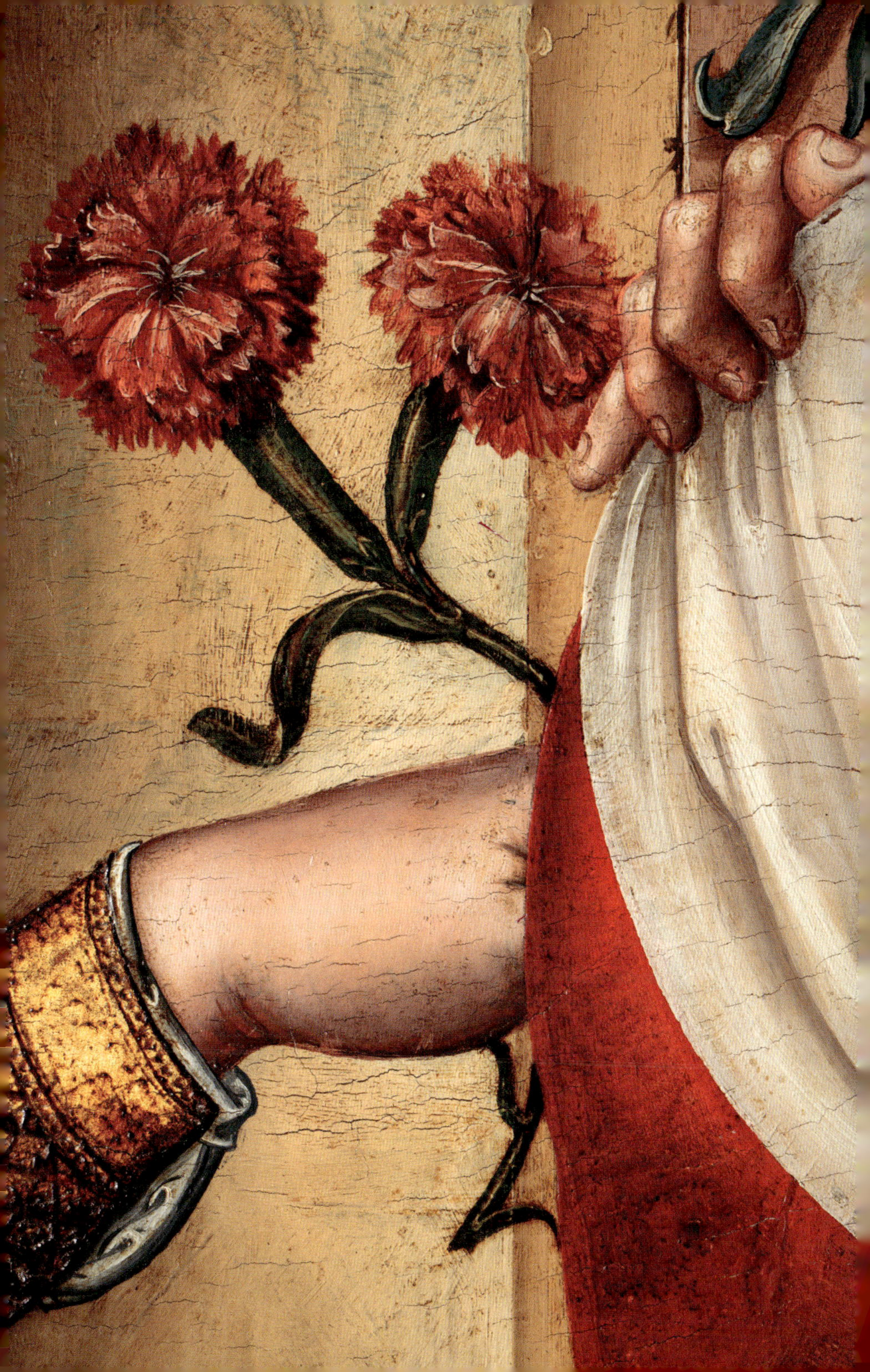

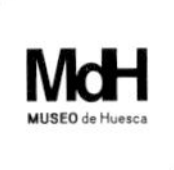

Edita
Museo de Huesca — Gobierno de Aragón

Textos
Eduardo Barba Gómez

Coordinación editorial
María José Arbués Gracia
Silvia Galindo Pérez

Fotografías
Archivo Museo de Huesca
Fernando Alvira Lizano
Eduardo Barba Gómez
Javier Broto Hernando
José Garrido Lapeña
Artesa

Concepto gráfico y maquetación
David Adiego Sánchez

Impresión
Gráficas Alós. Huesca

Depósito Legal HU 53-2024
ISBN 978-84-8380-495-7

Museo de Huesca
Plaza de la Universidad, 1
22002 — Huesca
Tel.: 0034 974 220 586
museohu@aragon.es
museodehuesca.es

Horario de visitas
De martes a sábado
de 10 a 14 h y de 17 a 20 h
Domingos y festivos
de 10 a 14 h
Cerrado lunes, 1 y 6 de enero,
24, 25 y 31 de diciembre

Huesca, 2024